I0003443

La Relación Criptomoneda Blockchain

Las Criptomonedas No Son Blockchains, Aprenda Las
Diferencias y Las Relaciones

Wayne Walker

© Copyright 2019 por Wayne Walker, todos los derechos reservados.

Este libro fue escrito con la meta de proveer información tan precisa y confiable como sea posible. Se debe consultar con profesionales antes de realizar cualquiera de las acciones documentadas en este libro.

Esta declaración es considerada justa y válida tanto por el American Bar Association como por el Committee of Publishers Association y es legalmente vinculante en todo Estados Unidos.

Además, la transmisión, duplicación o reproducción de cualquiera de los siguientes documentos, incluida la información precisa, será considerado un acto ilegal, independientemente de si se realiza de forma electrónica o impresa. La legalidad se extiende a la creación de una copia secundaria o terciaria del documento o una copia grabada y solo se permitirá con el consentimiento expreso por escrito del Editor. Todos los derechos adicionales están reservados.

La información en las siguientes páginas se considera en general como una descripción verídica y precisa de los hechos, y como tal, cualquier falta de atención, o uso indebido de la información en cuestión por el lector representará cualquier acción resultante exclusivamente bajo su responsabilidad. No hay escenarios en los que el editor o el autor de este documento pueda ser considerado responsable de las dificultades o daños que pueda sufrir después de realizar la información aquí descrita,

Índice

El siguiente nivel de inversión en criptomonedas

Criptomonedas (Aparte del Bitcoin): ¿Qué es lo que hacen?

Para muchas personas que aún están impresionadas por los grandes incrementos de precios que hemos visto en muchas de las criptomonedas, la pregunta que más recibo de los estudiantes nuevos es "¿qué hacen?" el Bitcoin por supuesto recibe toda la atención, pero para las otras criptomonedas, la mayoría de la gente se queda en blanco. Echemos un vistazo a las monedas más populares y luego algunas reflexiones sobre los movimientos del mercado.

Ethereum (ETH) – Contratos programables

Bitcoin (BTC) – Mover dinero, liquidación de transacciones, un activo digital

Dash (DASH) - Su característica clave es la privacidad

Monero (XMR) - Dinero digital privado

Litecoin (LTC) - Similar al Bitcoin pero más rápido

Ripple (XRP) - Red de liquidación de pagos empresariales

NEO (NEO) - Ethereum para el mercado Chino

¿Porque son tan apreciadas?

Además de las preguntas sobre el propósito de las criptomonedas, el siguiente tema más popular es acerca de los movimientos del mercado. La historia que cuento a menudo en clase se trata de cuando viajé a la ciudad de Nueva York en mayo de 2017 en unas vacaciones de trabajo. El Bitcoin cotizaba a un poco más de $ 2,200, regresé a Europa en agosto y superaba los $ 4,000. Ahora, ¿qué era fundamentalmente diferente sobre el Bitcoin en agosto para garantizar que casi se duplicara el precio? En realidad no mucho, sin embargo, el

Bitcoin y las criptomonedas en general, se basan en la confianza en los sistemas que las respaldan. Con eso en mente, el lanzamiento del Bitcoin más allá de los $ 19,000 y las altcoins logrando asombrosas ganancias, para cualquiera que ponga un límite a lo que "es razonable" es claramente complacerse en las ilusiones. No hay ciencia o lógica exacta aquí.

Como debería comerciarlas

Desde mi formación en los mercados de capitales y de divisas específicamente, muchas de las monedas se encuentran en un territorio de sobrecompra extrema. De algunos de los informes que he leído de diferentes analistas, el Bitcoin continuará obteniendo ganancias masivas. No puedo reírme más de ellos ni aplicar todo mi entrenamiento anterior. Lo que se puede usar, y sugiero encarecidamente a cualquiera que negocie cualquier clase de activo es "hacer posible superar el fracaso ", no es mi frase, es bien sabido por los ingenieros y las personas involucradas con empresas emergentes. Invierta o negocie con capital de riesgo en varias de las monedas que tengan un volumen suficiente para que su capacidad de ingresar y salir sea relativamente fácil. Soy consciente de que hay muchos puntos de vista sobre lo que es suficiente, necesito ver al menos un 1, 000,000 o más. Finalmente, también puede considerar las criptomonedas como una cobertura para sus inversiones o comercio. Califican porque, como activos, no se correlacionan con otros activos, por ejemplo, acciones o productos básicos. En los capítulos posteriores exploraremos más a fondo las mejores prácticas para el comercio de criptomonedas.

Después de toda la publicidad innecesaria, ¿Que debería tener en su Cripto-portafolio?

Incluso para el observador casual, en el otoño de 2017 en los dos primeros trimestres de 2018 ha sido un paseo salvaje en el mundo de las criptomonedas. Parece que, por el momento, como había escrito en artículos en la web, parte de la publicidad desaparecería y podríamos seguir con el Cripto comercio y la inversión. En realidad, mucho de lo que escribí (menos lo de la publicidad, más regulaciones) se ha hecho realidad.

No es con una actitud de "te lo dije" que escribo que la publicidad innecesaria se está tomando vacaciones, lo digo porque la publicidad innecesaria necesita vacaciones a largo plazo para el bien de las criptomonedas. Soy consciente de que muchas personas han ido a la bancarrota y sus cuentas han sufrido algunos strikes. Para ser sincero, algunos han renunciado a las criptomonedas. La mayoría de los Cripto comerciantes que salen son aquellos que se negaron o se descuidaron para obtener algún entrenamiento o consejo calificado antes de sumergirse en este mundo. He enfatizado en mis otros libros la importancia de la diversificación. Un concepto importante con todas las clases de activos, pero con las criptomonedas va de es bueno tener a que DEBE TENER. Este concepto de diversificación no es nada mágico o un profundo secreto. El simple hecho de tener conocimiento de los principios comerciales básicos junto con el análisis técnico habría ayudado a muchos con su estrategia y especialmente con su mentalidad.

La Realidad

El hecho es que la volatilidad que hemos visto con el Bitcoin en realidad ha sido más grave en el pasado. Las criptomonedas como otros mercados pueden bajar, este punto parece una nueva idea para algunos. Cuando tuvimos la carrera con el Bitcoin de $ 10,000 a más de $ 19,000 más rápido de lo que incluso el fan más grande podría haber imaginado, el inconveniente fue olvidado. La reducción de la publicidad ha ayudado a madurar el mercado y también ha obligado a los operadores a tener una visión más estratégica del sector. Otra ventaja, la venta de Bitcoin ha tenido el beneficio de permitir que varias altcoins pasen a ser el centro de atención, por ejemplo Stellar.

El portafolio

Lo que consideraría incluir en un portafolio en el 2018 y en adelante:

Bitcoin, Ethereum, Ripple, Cardano, Stellar, NEO, Litecoin, EOS y Nem. Las selecciono desde el principio de que los inversionistas o comerciantes deben tener un portafolio con varias criptomonedas y solo comercializar aquellas con buena liquidez (según los estándares) Todas las seleccionadas se encuentran en el top 15 en términos del mercado de capitalización.

Tanto el Cripto entusiasta nuevo como el más experimentado deben conocer las características únicas de la moneda individual. Cada Cripto activo tiene sus características distintivas en términos de comportamiento en el mercado. También hemos visto que las altcoins tienen sus propias historias de movimiento de precios. No es tan simple decir, como se dijo en el pasado, que independientemente de lo que haga Ethereum o Bitcoin en el mercado, las otras monedas reaccionarán con movimientos de precios similares. Por ejemplo, la disminución en Bitcoin no condujo a una caída equivalente para muchas altcoins. Por el contrario, varias han aumentado en valor.

ICOs

Fuera de mi lista de monedas sugeridas, también puede haber lugar para uno o dos especulativos ICOs. Esto es considerado con el conocimiento de que muchos, pero no todos, son estafas. Una vez que haya seleccionado sus criptomonedas, el siguiente paso para diversificar aún más su portafolio es asegurarse de tener la combinación de sectores adecuada. La mayoría de los inversionistas omite este detalle crítico al armar un portafolio.

Lleve la diversificación de su Cripto-portafolio al siguiente nivel

Los inversionistas serios suelen estar de acuerdo con la idea de que la diversidad es recomendable en un portafolio. Ya sea que uno esté negociando típicamente bonos seguros del gobierno con criptomonedas volátiles, la diversidad es algo en lo que todos podemos estar de acuerdo. Esto es especialmente cierto cuando es de conocimiento común que aproximadamente 1.000 personas poseen el 40 por ciento del mercado de Bitcoin, las llamadas "ballenas de Bitcoin". Las ballenas, por cierto, también están presentes en otras monedas.

Lo que haré es ampliar el concepto y compartir más de las estrategias que usan los inversionistas en criptografía de alto valor neto con sus carteras. Como he tratado en algunos de mis artículos, debe tratar de tener un portafolio con una mezcla de criptomonedas para evitar la locura de tener todo su dinero en Bitcoin o Ethereum. El primer paso para aumentar notablemente su diversificación es diversificarse por sector, como en la característica o el propósito principal de la moneda.

Cripto Diversidad por sector

Algunos de los sectores para empezar: Tokens, Convencional, Contratos Inteligentes, Redes de asentamiento, Privacidad, Servicio de Superposición. Las sugerencias mencionadas son solo eso, sugerencias. Obviamente, esta no es una lista completa de cada moneda de cada sector. Sin embargo, la lista es un buen punto de partida para armar su portafolio.

Los sectores y las posibles monedas

Token: Stratus, EOS

Contratos inteligentes: NEO, Ethereum, Cardano

Privacidad: Monero, Dash, Zcoin

Convencional: Litecoin, IOTA, NEM

Redes de asentamiento: Stellar, Ripple

Cripto diversidad por intercambios

La diversidad de los intercambios a menudo se pasa por alto en el proceso de gestión de riesgos. Este descuido fue especialmente doloroso en 2017, cuando varios de los intercambios más conocidos en Oriente y Occidente tuvieron problemas relacionados con la fiebre del mercado. Estos problemas tomaron la forma de: servidores sobrecargados, sitios caídos, y para muchos el más doloroso fue no poder retirar sus beneficios. Este es un mercado 24/7 y los movimientos importantes pueden venir en cualquier momento, por lo tanto, la capacidad de ejecución es primordial. Comienza el proceso seleccionando cuidadosamente de acuerdo a una combinación de factores que incluyen: si está regulado o no, el país, la velocidad de las transferencias bancarias, la reputación del mercado, etc.

Extendiendo la ventaja inicial

Solo incorporando la diversidad de pasos para intercambios, tendrá una clara ventaja contra muchos inversionistas. Para extender su ventaja, el siguiente paso es considerar el peso de cada sector o moneda en su portafolio. Por ejemplo, si tiene 4 monedas en un sector, ¿cada una obtiene una asignación de 25% de sus fondos o si 4 sectores reciben cada una un 25%? La composición final tiene en cuenta muchos factores, por ejemplo, su tolerancia al riesgo, su exposición a otras clases de activos y el tamaño de su cuenta. Estas son algunas de las cosas con las que trabajo con los clientes para ayudarlos a tener una idea.

Luego continúa el proceso al ver qué porcentaje de fondos hay en cada intercambio. El mercado de cifrado sigue sin regular, si su intercambio fracasa, hay muy poca ayuda para obtener de cualquier gobierno, por lo tanto, ser consciente de qué porcentaje de fondos está depositado en cada intercambio es una parte necesaria de su gestión de riesgos.

Visión general de las ICOs: Lo bueno y a lo que debe estar alerta

Según una encuesta reciente, la mayoría de los adultos estadounidenses no sabían qué era una ICO. Una Oferta de Moneda Inicial (ICO) es similar a una Oferta Pública Inicial (IPO). En una oferta pública inicial se les pide a los inversionistas que compren acciones de una compañía para obtener capital. Sin embargo, con los inversionistas de ICO, se compra los tokens de cifrado subyacentes a cambio de Bitcoin o Ether.

El primer ICO fue el Proyecto Mastercoin en 2013 por J R Willet. Recaudó $ 500,000 en forma de 5,000 Bitcoin. Los inversionistas compraron Mastercoins a cambio de Bitcoin. Los 5,000 Bitcoin que MasterCoin recaudó en 2013 valieron aproximadamente $ 41 millones en junio de 2018.

Caliente y arriesgado

Las ICO han sido y siguen siendo un sector caliente y arriesgado del universo de las criptomonedas. Como se menciona en el segundo capítulo, debe tener cuidado con ellas. Se han realizado comparaciones con la burbuja puntocom (1997-2001), pero las personas también deben tener en cuenta que las burbujas puntocom brindaron la oportunidad a mega empresas como Ebay y Google de expandirse.

Respuestas necesarias

Como inversionista informado, debe revisar si el proyecto realmente requiere la tecnología Blockchain. ¿Puede el proyecto de ICO hacerse sin que sea parte de un Blockchain? Si es así, esta ICO podría ser solo un intento de entrar en la tendencia ICO.

Algunas de las otras preguntas que debe responder cualquier

ICO: ¿Cuál es el sentido de la moneda? ¿Qué problema soluciona? ¿Es realmente un problema? También deberá verificar que el problema que planean resolver no haya sido resuelto por moneda. Esto se debe a que cuando lee algunos Whitepaper rápidamente se dará cuenta de que está tratando con un clon de otra moneda.

IDENTIFICANDO A LOS ICO ESTAFADORES

Algunas señales de advertencia de que está tratando con estafadores

- contactarlos es difícil. Los números de teléfono que tienen no se pueden encontrar mediante una simple búsqueda en la web

- El Whitepaper suele ser corto (menos de 10 páginas), lleno de gramática básica o errores ortográficos

- La calidad del sitio web es baja o utilizaron algún servicio gratuito para construirlo

- Su "sobre nosotros" y los detalles de registro son cuestionables o faltan detalles

- El CEO o los asesores no se pueden encontrar en LinkedIn u otros canales profesionales

Tenga cuidado con los sitios web que califican las ICO

Las ICO en su mayoría no están reguladas, lo que lleva a muchas personas a los sitios de calificación de ICO a buscar una segunda opinión. Los inversionistas sin experiencia confían especialmente en las plataformas de calificación de ICO cuando buscan información. Las plataformas de calificación siempre han sido sospechosas entre los expertos porque es fácil comprar calificaciones de ICO. Básicamente, las calificaciones proporcionadas no son siempre independientes.

Las "calificaciones ICO de los expertos" son lo que algunas plataformas de calificación de ICO pueden anunciar en sus sitios web para ganarse la confianza de los inversionistas que buscan información. Una buena frase, pero las investigaciones de los sitios web mostraron que las calificaciones y la visibilidad de ICO no siempre son imparciales. ¡Los resultados son aterradores, pagan para jugar! Muchas plataformas no son más que sitios de marketing que se venden a quienes están dispuestos a pagar. A menudo ofrecen servicios de listado de prioridad a cambio de un pago. En pocas palabras, lea los comentarios con el conocimiento de que pueden haber sido comprados.

Trampas que hay que evitar al hacer el cambio de comercio de divisas a criptomoneda

La transición exitosa del mercado de divisas a criptomonedas es un desafío para muchos comerciantes. Gran parte de lo que compartiré se basa principalmente en mi experiencia con la transición a las criptomonedas. Por lo tanto no es la única manera.

Lo primero que debes tener en cuenta es que mucho de lo que sabes de comercio en el mercado de divisas se puede aplicar a la criptomoneda, pero hay algunas diferencias cruciales. Estas diferencias, si se ignoran, pueden ser fatales para su cuenta.

El hecho más importante que los comerciantes del mercado de divisas deben aceptar es que no están manejando monedas fiduciarias como el euro o el dólar estadounidense. Las criptomonedas no son orden legal en ningún país, no son monedas en el sentido tradicional. Para decirlo de otra manera, si va a su cafetería local, no están obligados a aceptar Bitcoin como forma de pago. Ahora, si la cafetería estuviera en Madrid y tuviera euros, tendrían que aceptarlos porque el euro es moneda de curso legal en España. Las criptomonedas también están sujetas a los caprichos reguladores de un gobierno. Un país, con pocas advertencias, podría prohibir un cifrado o un intercambio criptográfico. Esto, por otro lado, no es un riesgo cotidiano con las monedas fiduciarias. Es extremadamente improbable que mañana se despierten con un titular: "Se prohibió el comercio con el dólar estadounidense en los EE. UU." O "el estado de Nueva York declaró ilegal que los residentes negocien en la Bolsa de Nueva York".

El otro problema con el que nos enfrentamos es la tecnología. Las criptomonedas se pueden programar y no tengo conocimiento de ninguna moneda fiduciaria programable. También hemos descubierto en varias de las criptomonedas es que no han podido cumplir con sus capacidades declaradas o prometidas. Esto ni siquiera incluye los casos en los que hubo fraude absoluto.

Nuevas reglas para nuevos comercios

Las estrategias normales con noticias de comercio de monedas extranjeras no aplican directamente. Por ejemplo, un informe de empleos de nóminas no agrícola o un anuncio de tasa de interés del Banco de Inglaterra tendrá poco o ningún impacto en Litecoin. Sin embargo, su experiencia de lidiar con las reacciones a las noticias se puede aplicar a criptomonedas, por ejemplo, un concepto familiar para muchos comerciantes de divisas es la reacción exagerada del mercado a las noticias. La sobrerreacción a las noticias es casi un cliché en el comercio de criptomonedas porque la mayoría de los comerciantes son nuevos y no están familiarizados con la volatilidad del mercado. Además, tiene niveles de locura que paralizan el pensamiento y me hacen rascar la cabeza cuando escucho las historias de personas que han agotado al máximo las tarjetas de crédito solo para comprar Bitcoin. Si yo estuviera en una situación como esa, supongo que también reaccionaría exageradamente.

Análisis técnico con 25,000% de devolución

En el frente del análisis técnico, mucho de lo que ya debería saber sobre soporte y resistencia es útil. Lo nuevo es que deberá suspender la interpretación estricta de los niveles de soporte o resistencia. Usted tiene criptomonedas que pueden saltar fácilmente al 100% por mes y con muchos indicadores técnicos esto se consideraría sobrecomprado masivo, sin embargo, con las criptomonedas se necesita una cierta cantidad de suspensión de la incredulidad. Algunas pruebas, el

Fondo Pantera Bitcoin devolvió más del 25,000% (lanzado en 2013) o Ripple con una devolución de 35,000% para 2017. No hay errores tipográficos, ambos son fácilmente verificables con una simple búsqueda en Google. La mejor manera de lidiar con movimientos como estos es reconocer que lo que está sucediendo no se supone que lo haga, pero lo es. Como he escrito antes, estamos en un nuevo universo criptográfico que se expande y cambia cada día. Hoy lo que es legal puede ser repentinamente ilegal mañana. Lo que leyó y asumió que era cierto en la mañana, puede llegar a ser una "noticia falsa" para el almuerzo.

Las ballenas de Bitcoin y criptomonedas en general son un factor real a tratar. Como se mencionó anteriormente, controlan más o menos el 40 por ciento del mercado. Esto es inaudito en cualquier otra clase de activos. Estas ballenas, dependiendo de su estado de ánimo, pueden destruir sus semanas de análisis y estrategia cuidadosamente planificadas.

La entrada de los actores institucionales del mercado, por ejemplo, Goldman Sachs y otros, traerá dinero "inteligente" al mercado, pero especialmente liquidez. Cuando ingresan al mercado con grandes cantidades de capital, esto les indica a los otros comerciantes del mercado que las criptomonedas son algo que se debe tomar en serio. En general, esto es mejor para los comerciantes, ya que ayudará a madurar el mercado junto con los otros beneficios mencionados.

La Bolsa de Nueva York (NYSE) ha señalado a principios de 2018 que están investigando el lanzamiento de una plataforma que permitirá a los clientes institucionales comerciar y almacenar Bitcoin. Esta noticia por sí sola podría señalar y formar la base de una mayor apreciación a largo plazo de los precios del Bitcoin y criptomonedas en general.

Muerte al Purista

Ser un purista de análisis fundamental o técnico solo le dejará con una cuenta de bajo rendimiento. Por lo tanto, necesitará una estrategia sólida de administración de riesgos utilizando muchas de las herramientas que le resulten familiares. Usted maneja el riesgo al tener como base mi regla no negociable de poder sobrevivir al fracaso, lo que significa que solo puede cambiar lo que puede permitirse perder. A partir de ahí, agregue a su portafolio diversas criptomonedas y solo comercialice aquellas con buena liquidez

Cripto intercambios: Inversión ventajista y Precios

Tratar con los intercambios es una parte del comercio y con las criptomonedas hay algunos problemas que muchos inversionistas desconocen. Lo positivo es que con el mercado 24/7 puede comerciar siempre que le plazca. La desagradable realidad es la inversión ventajista de sus negocios por los intercambios. Inversión ventajista es cuando un corredor entra en una operación por delante de la de sus clientes, generalmente antes de una gran operación que probablemente influirá en el precio de una criptomoneda, acciones, etc. Esto es poco ético e ilegal en los mercados regulados. Gran parte de este mundo no está regulado, por lo tanto, los intercambios tienen espacio para jugar. Es bien sabido que esta práctica está muy extendida en el mercado. En su mayor parte, se realiza con operaciones de tamaño decente porque hay más de un incentivo para beneficiarse de la inversión ventajista. Si está negociando micro cantidades de Bitcoin, realmente no debería afectarle.

Precios y Diferencial

El otro tema importante con los intercambios es el precio. Por lo general, en los intercambios regulados, por ejemplo con acciones, generalmente obtendrá la mejor oferta y precios de compra. Esto es mucho más difícil de lograr con los mercados cifrados porque el suministro está muy fragmentado. El precio real sobre el que se ejecutará varía ampliamente según el intercambio que utilice como socio comercial. Una de las variables importantes incluye cuán robusto es el motor de combinación que utilizan. Un motor de correspondencia comercial es el software utilizado por las bolsas electrónicas, que combina ofertas para completar intercambios. Algoritmos son utilizados para ejecutar esas asignaciones. Además de los dos problemas principales que mencione, también podría encontrarse con problemas de latencia si está ejecutando algún algoritmo.

Un Diferencial es la discrepancia entre el precio de compra y el de venta. Los diferenciales para las criptomonedas en comparación con otros mercados son enormes. Es tan grande que fue una de las áreas más importantes de quejas en el evento de Cripto intercambios al que asistí recientemente en la ciudad de Nueva York. Como hemos visto con otros mercados, la expectativa es que los diferenciales disminuirán con el tiempo.

Nada de esto pretende ser un ejercicio de contraataque de cambio, sino una alerta para los comerciantes. Esto es especialmente importante para los nuevos operadores e inversionistas que a menudo desconocen a qué se enfrentan cuando realizan una operación. Los intercambios sí desempeñan un papel importante en el mercado y recuerdan que el mundo de la criptomoneda sigue siendo relativamente nuevo y hay mucho espacio para mejorar.

Seguridad para su cuenta

Con las criptomonedas, la mayor parte de la responsabilidad de la seguridad recae en usted, el usuario. Si elige usar un intercambio, jugarán su papel, pero al final es usted el responsable. Una de las razones por las cuales la seguridad es un gran problema con las transacciones de Blockchain es que son inmutables y no se pueden cancelar una vez que se hayan completado. Por ejemplo, si envía fondos a otra parte por error, a menos que tengan ganas de devolverlos, debe considerar los fondos perdidos. Esto es un beneficio y riesgo de las criptomonedas.

¿Por qué es necesario un capítulo entero sobre seguridad?

Más de $ 1 billón ha sido robado en criptomonedas en los últimos años. El mayor robo fue en Coincheck, 2018, con una pérdida de $ 500 millones, el conocido Mt. Gox 2014, tuvo una pérdida estimada de $ 480M, y Parity Wallet 2017, una pérdida estimada de $ 155M. Esto es solo una muestra y solo he incluido robos conocidos.

Algunos de los patrones de ataque más comunes

- Phishing: los detalles del usuario que incluyen 2FA (Autenticación de dos factores) se roban en un sitio falso generalmente por correo electrónico. Los detalles se ingresan luego en el sitio real después de ser robados del sitio falso.

- Virus Keylogger rastrear credenciales del usuario cuando inicia sesión y luego compromete la cuenta

- Virus Copy and paste Secuestran la función de pegar, lo que le permite ingresar la dirección del atacante al transferir fondos.

- Los sitios ICO han sido copiados y reemplazados por estafadores, por lo tanto, tenga mucho cuidado al participar en ICO. Verifique que sean legítimos.

Prácticas de seguridad media y avanzadas

- No caiga en el Phishing. Nunca haga clic en un enlace e inicie sesión desde un correo electrónico

- No use su correo electrónico personal para su cuenta de Cripto comercio

- Siempre use Autenticación de dos factores para todo

- Utilice diferentes correos electrónicos para cada intercambio de criptomonedas

- Use un antivirus de confianza y evite sitios cuestionables que puedan comprometer su computador

- Quite las monedas que no planee negociar a corto plazo de sus intercambios

- Use un computador aparte que solo use para Cripto comercios

- Mantenga tantas monedas como sea posible en una billetera física

- Las aplicaciones de billeteras son buenas, pero respalde las contraseñas

¿Cripto secuestro?

Esta es una de las formas más nuevas de mala conducta

criptográfica. Implica el uso de una computadora para extraer criptomonedas sin el permiso del propietario. Para ser más directo, su computadora es secuestrada para minar por alguien más.

Los chicos malos ejecutan el esquema cargando un programa en su computadora a través del navegador cuando visita un sitio comprometido. Poco después, su máquina comienza a resolver problemas computacionales que generan recompensas en criptomoneda para los secuestradores. Como se puede imaginar, no compartirán sus recompensas con usted.

Su Defensa

Mantenga una estrecha vigilancia sobre el administrador de tareas de su computador. Existen varias extensiones de navegador que le ayudarán en sus esfuerzos de seguridad, una de ellas es MinerBlock de Chrome. Bloquea la minería de criptomonedas basadas en navegador.

El nuevo mundo de las criptomonedas respaldadas por el gobierno

No pasó mucho tiempo para que la fiebre de la criptomoneda comenzara a infectar a los gobiernos de todo el mundo. Varios de ellos anunciaron recientemente sus intenciones de emitir sus propias criptomonedas. Esto es un cambio sorprendente para aquellos que superficialmente podrían estar interesados en sofocar la propagación de las criptomonedas.

El paisaje

Venezuela lanzó su criptomoneda respaldada por los recursos del país, que consiste principalmente en petróleo y gas. Se llama Petro e imita algunas de las características de Bitcoin. Venezuela, como mucha gente sabe, sufre una larga lista de males económicos. Las sanciones estadounidenses no han ayudado a la situación y el presidente Nicolás Maduro no ha hecho ningún intento por ocultar su objetivo de que esta criptomoneda Petro le brinde una nueva forma de eludirlas.

Rusia también anunció su objetivo de introducir una criptomoneda. El objetivo es similar al de Venezuela, que es evitar sanciones actuales o futuras. Rusia, sin embargo, no está en la misma emergencia económica que Venezuela. Por lo que he investigado y oído, tienen una actitud más de esperen y verán, en contraste con Venezuela, que ya se lanzó.

Sin dejar de mencionar, incluso el Banco de Inglaterra (BOE) reveló recientemente que está explorando la opción de su propia criptomoneda respaldada por BOE. Solo puedo imaginar que muchos otros bancos centrales también están investigando la posibilidad de sus propias monedas digitales.

La reacción

La actitud general en el universo criptográfico y el mío es que este avance tiene varias barreras ideológicas y prácticas. El más obvio es que si estas criptomonedas del gobierno están realmente destinados a reemplazar al Bitcoin o cualquier criptomoneda, podrían contradecir algunas de las características más importantes del mundo criptográfico, que es tener un ledger sin permisos y descentralizado. Sin permisos se refiere especialmente a no negociable para los entusiastas de criptomonedas. Esto solo tendrá los lados en conflicto porque una de las cosas que los gobiernos consideran irresistibles es el control. Básicamente, con estas criptomonedas respaldadas por el estado están jugando a vestirse digitalmente con su moneda fiduciaria. ¿No le gusta el euro? No hay problema, ahora lo tenemos para usted en formato criptográfico. Cambiaron el nombre y el empaque, pero el ADN del control del gobierno permanece. Muchos han mencionado otro ejemplo obvio, si el sistema es hackeado (podemos garantizar que habrá constantes intentos) ¿quién cubre las pérdidas? ¿Están listos los gobiernos para comenzar a pagar una compensación una vez que se abra la caja de Pandora de criptomonedas respaldadas por el estado?

El lanzamiento

Desde la publicación del segundo trimestre de la Petro moneda en el 2018, los jugadores del mercado han puesto sus ojos en Venezuela. La recepción del mercado hasta ahora ha sido mixta, pero aún es demasiado pronto para emitir un veredicto final. Los hackers estoy seguro que también estaban ansiosos por el lanzamiento. Mi consejo para el gobierno venezolano, si están abiertos a mis sugerencias, es que pueda sobrevivir al posible fracaso. Desde el punto de vista del purista de criptomonedas, cualquier criptomoneda centralizada está jugando a disfrazarse de otra cosa y destinada al fracaso.

Qué esperar de las criptomonedas en un futuro cercano

Estas son expectativas a corto plazo, porque en mi opinión, hacer afirmaciones a largo plazo sobre criptomonedas es una tontería. Estamos en las primeras etapas de un cambio de una creencia total, una vez incuestionable, en las monedas emitidas por el gobierno en el potencial que las criptomonedas tienen para ofrecernos. Al igual que con las monedas fiduciarias, la creencia y la confianza en el sistema son esenciales. Las ganancias casi increíbles que muchas de las criptomonedas han experimentado son una mezcla de muchos factores que incluyen noticias, especulaciones y la propuesta de valor de las monedas individuales. Además, afirmaría que la creciente confianza del público en general y del sector de las finanzas institucionales es el principal factor. Por ejemplo, en 2017, la firma francesa Tobam lanzó el primer fondo de inversión de Bitcoin en Europa. ¡Confíe en ser lo que es, puede cambiar, por lo tanto, abróchese el cinturón! Porque con todas las ganancias de más del 900%, el mercado puede producir fácilmente caídas tan dramáticas si reaparecen problemas negativos con respecto a la confianza dentro del ecosistema de criptomonedas.

Menos locura ICO

La locura del ICO perderá parte de la mentalidad irracional de la fiebre del oro y veremos un mejor autocontrol de los jugadores actuales en el mercado. Ya estamos viendo una ofensiva de los reguladores en los Estados Unidos, Europa y otros lugares. Los reguladores públicos y gubernamentales tienen límites sobre lo que tolerarán. También estamos viendo más búsquedas identificación y juicios a los estafadores de ICO por parte de las autoridades a nivel mundial. Esta es una gran noticia para la mayoría de las personas, los estafadores obviamente no están felices.

Más regulaciones

Hace poco me enteré de la cantidad de agencias que reclaman jurisdicción sobre las criptomonedas. Solo en los Estados Unidos, tenemos a la FinCEN del Departamento del Tesoro, la Comisión de Valores y Cambio, y el Servicio de Impuestos Internos. La historia se vuelve más extraña, porque ni siquiera hay acuerdo entre los reguladores sobre lo que es Bitcoin. Por ejemplo, el IRS lo trata como propiedad y la Commodity Futures Trading Commission dice que es un producto. Para los participantes del mercado, esto puede llevar la confusión a nuevos niveles. Incluso con la confusión, para aumentar la confianza de los mercados minoristas e institucionales más amplios, existe la necesidad de regulaciones más apropiadas para este mercado en crecimiento. Esto también debe incluir un castigo rápido y sólido para aquellos que incurran en actos indebidos.

Con las regulaciones, a menudo encontrará que hay un patrón que sigue las innovaciones del mercado. Primero, tenemos el Lejano Oeste, seguido de una regulación excesiva para calmar al público. Más tarde prevalecen las cabezas más frías y hay un retroceso de algunas reglas y finalmente termina con un equilibrio viable.

Aplicaciones prácticas para criptomonedas

El mito número uno y, en mi opinión, el más grande sobre las criptomonedas, es que no tienen aplicaciones prácticas. La realidad es que varias de las principales monedas tienen aplicaciones en la vida real y están relacionadas con la mejora de los sectores existentes en el mercado. Las empresas heredadas que promueven este mito de "aplicaciones no prácticas" rara vez están contentas con las innovaciones que no provienen de sí mismas y desacreditan rápidamente a cualquier rival.

En enero de 2018, la empresa de transferencia de dinero MoneyGram acordó probar Ripple debido a su velocidad con la ejecución de transacciones. Ripple fue diseñado para acelerar las transferencias de dinero y las transacciones internacionales. Reduce tanto el tiempo de transferencia de dinero como los costos. Como era solo una prueba, tendremos que esperar los resultados finales, pero demuestra claramente que hay aplicaciones en el mundo real.

Otro ejemplo incluye cuando se usó Ethereum para ejecutar una transacción de bienes raíces. Se convirtió en noticia cuando el fundador de TechCrunch utilizó un contrato inteligente para comprar un apartamento en Ucrania sin la necesidad de viajar al país.

* Contratos inteligentes: puede gestionar acuerdos entre personas, ejecutando los términos de un contrato cuando se cumplen los términos y condiciones mutuamente acordados.

Un uso mayor de las criptomonedas en los mercados emergentes

Probablemente veamos la continua propagación de las criptomonedas en los mercados emergentes. Esto se debe a que los criptomonedas no están controladas por ningún país ni están directamente relacionados con la moneda de curso legal de ningún gobierno. La aplicación práctica de esto significa que si un gobierno tambaleante colapsa, el valor de una criptomoneda como Bitcoin en la mayoría de los casos quedará intacto. Este beneficio puede parecer innecesario para su país occidental desarrollado promedio, pero en países inestables, la función de descentralización de criptomoneda tiene un uso muy real y práctico.

Esperando ver más de

Lo que estoy esperando ansiosamente de ver en el futuro cercano de las criptomonedas.

1- Los intercambios actualizarán tanto la seguridad como su capacidad para hacer frente a las sobretensiones de demanda. Aunque los intercambios de criptografía no están sujetos al mismo nivel de escrutinio que los intercambios tradicionales, en el futuro este tema de seguridad será cada vez más difícil de seguir hablando. ¿Por qué? el paisaje criptográfico tiene suficientes historias tristes de robos de millones. Ninguna región en el mundo puede señalar a otros. Ocurre en Oriente y también en Occidente, en intercambios grandes y pequeños. A diferencia de los fondos en su banco local, si su cuenta es hackeada en un intercambio, hay muy pocos medios para recuperar sus fondos y hasta el momento en que se redactó este documento no hay un seguro disponible. Todo el mundo sabe que los piratas informáticos están dedicados a la caza de las cuentas de criptomoneda, por lo tanto, la defensa necesita mejorar. Las amenazas internas son otro conjunto de dolores de cabeza, que van desde el uso de información privilegiada a mala conducta financiera de los empleados.

Varios de los intercambios más grandes regulados cedieron bajo la demanda de nuevas cuentas durante las recientes explosiones del mercado. Obtuvieron un pase esta vez, pero ¿cuántas veces más el público o los que están en el poder seguirán siendo tan indulgentes?

2- otoño del 2017 vio el lanzamiento del futuro del Bitcoin y será interesante ver cómo se desarrolla. El público ha estado pidiendo un mercado más regulado, negociar bien en un mercado de futuros tiene que ver con regulaciones. Esta fue también la primera vez que los operadores de Bitcoin pudieron cubrir sus posiciones en un mercado regulado. Ahora tienen la capacidad de tomar el otro lado en el mercado acortando.

3- Más monedas que eliminan la necesidad de mineros. Actualmente, la mayoría de la minería de Bitcoin es realizada por un puñado de empresas. No es una situación saludable en el mercado ya que pueden usar esta influencia de formas maliciosas.

4- Las mejoras en la velocidad de las transacciones de Bitcoin parecen estar llamando la atención de muchos influenciadores en la industria. Incluso para los fanáticos de Bitcoin, el ritmo relativamente lento de una transacción de rutina puede ser un problema. Hay varias criptomonedas que están asumiendo estos desafíos y estoy emocionado de ver cómo esto se desarrolla.

Cripto Zona de comercios

Introducción

Este contenido trata específicamente sobre el comercio de criptomonedas. Es especialmente útil para aquellos sin un historial comercial. Para aquellos que si lo tienen proporcionará conocimientos adicionales sobre el mercado de las criptomonedas.

Comercio de Bitcoin y Altcoin

Las criptomonedas traen consigo volatilidad, ya que a los comerciantes nos encanta, es música dulce para nosotros. ¿Por qué? Si realiza una operación y no pasa nada, acaba pagando el diferencial a su corredor por nada. El comercio es un negocio (o debe tratarlo como uno), para que pueda recuperar el costo de la transacción (el diferencial) necesita y desea la volatilidad.

Los rumores y pánicos se suman a la volatilidad. También hay una sensibilidad extrema a las noticias, un 20% de movimientos diarios suelen suceder a menudo. El otoño de 2017, incluso para los estándares criptográficos, la volatilidad que vimos fue sorprendente.

Ventajas

Por lo general, no hay mínimos de tamaño de tratos comercial, a diferencia de las acciones de negociación, las materias primas o las divisas. Otra ventaja es que tiene la capacidad de comerciar directamente, los corredores no son obligatorios. Puede negociar 24 horas al día, 7 días a la semana, lo que implica aún más horas de negociación que las divisas. Obviamente, la liquidez no es igual a lo largo del día, algunas horas son más líquidas que otras.

Day Trading

Realice el Day trade con precaución debido a que por ahora solo está negociando contra comerciantes sin experiencia, pero la escena pronto cambiara. En el otoño de 2017 fue el lanzamiento del primer fondo mutuo de Bitcoin de Europa en Francia. También hay informes de varios fondos de cobertura y privados con enormes recursos preparándose para ingresar al mercado.

Sincronización del Mercado

Entrar en el "momento perfecto" al Bitcoin y las criptomonedas no es realista. Lo que está sucediendo ahora, ganancias semanales de dos dígitos, no se supone que ocurra pero sucede. Usar análisis o fundamentos estrictamente técnicos no le funcionara. Busque comprar en caídas en pánico, comprar después de las caídas en pánico de Bitcoin ha sido muy rentable hasta ahora. Una táctica para lidiar con la volatilidad es tener alertas de precios establecidas para movimientos de precios notables. Sugiero fuertemente que reúna de a poco, la fortuna en criptomonedas toma tiempo. Ignore en la medida de lo posible, la publicidad excesiva del occidente. Si su posición de cifrado tiene un 100% de aumento, tome sus ganancias. Si no tiene una posición existente, después de una ruptura importante, compre en los retrocesos. Las mejores oportunidades están ahí para los informados y menos emocionales. Esto es especialmente cierto en una arena con Cripto comerciantes que no han sido probados con una caída del 40-50%.

Palancas

¿Palancas? Úselas con precaución y solo con entidades confiables que ofrezcan seguridad en contra de pérdidas. Bitcoin y criptomonedas en general, son activos que se pueden mover un 20-30% (en cualquier dirección) en cualquier día, por lo tanto, su cuenta puede explotar fácilmente. Pierde dinero cuando le retiran, y eso puede suceder fácilmente con un alto nivel de apalancamiento. En pocas palabras, quédese en el juego y cualquier negocio a largo plazo con mucha precaución... tenga en cuenta todas las "muertes" del Bitcoin.

Tener en cuenta antes de invertir en ICOs

Tenga en cuenta que con las ICO nadie sabe con certeza cuál despegará. Si invierte en 5, hay una posibilidad muy grande de que 3 o 4 fallen. Pero el que despega regresara 10 veces o más. 10x significa que si invirtió $ 10mm, generará $ 100mm en total cuando venda.

Un pequeño consejo: con ICOs o transacciones básicas, envíe fracciones de pago para probar las transferencias. Practique enviar .001 para las primeras transacciones, puede llegar a 8 decimales con Bitcoin.

Debe tener en cuenta que muchas de las empresas respaldadas recientemente con capital de riesgo aún no han lanzado sus productos al mercado. Además, se están explorando los usos completos del Bitcoin y altcoins. Muchos creen, con buenas razones, que el Bitcoin será superado en valor por otra moneda. Su base es que rara vez en la tecnología el primer jugador sigue siendo el jugador dominante después de 5-10 años. En pocas palabras, estamos en los primeros días de las monedas digitales.

Tácticas de Negociación

Exploraremos las principales razones por las cuales los comerciantes pierden dinero y lo más importante sus soluciones.

Expectativas Irrealistas: Es importante cuando se trata de comerciar, como con muchas cosas, uno debe tener una idea realista de lo que está sucediendo. Las expectativas poco realistas pueden ser alguien que comienza con una cuenta de mini-comerciante de 1,000 o tal vez 2,000 USD y que espera riquezas para esa misma noche.

Puede comenzar con 100 o 200 dólares, lo cual está bien. No hay nada de malo en ese monto, pero esas mismas personas con 100 o 200 dólares esperan tener 1,000 o 2,000 dólares en sus cuentas dentro de un par de días. Hay empresas que mencionan o incluso prometen que pueden hacer esto. Si bien no estoy diciendo que sea imposible, no es nada realista. Es esencial que tenga un sentido de realidad para sus negocios.

Sin Plan: Muchas personas dicen que "sin un plan está planeando fallar", con la planificación, su negociación está alineada con su cronograma y los resultados que espera recibir. Un plan de negociación es esencial, porque sin uno se está preparando para posibles grandes pérdidas. Sin un plan, no tiene sentido entrar en este mercado.

Demasiado Riesgo: Podría ser la persona con 100 dólares en su cuenta o incluso 100.000. No es la cantidad lo que importa, sino la cantidad que está arriesgando en relación con sus fondos disponibles. Usted comienza desde la posición de hacer que "pueda sobrevivir al fracaso". Este concepto se basa en la idea de que sus pérdidas no deben ser catastróficas. Por ejemplo, cada posición no debe usar más del 5 o 6% de su capital de riesgo disponible. Esto también significará que si se usa una palanca debería ser una cantidad baja.

Confundir Comerciar con Invertir: En mis años como banquero, he tenido innumerables clientes a los que he tenido que señalar reiteradamente que no deben confundir estos dos términos. El comercio se trata de ganar dinero a corto plazo, es una actividad generadora de ingresos, se está moviendo dentro y fuera de los comercios. La inversión es a más largo plazo y generalmente tiene un plazo mínimo de un año. Podría ser que algunos de sus objetivos de inversión se deriven de su negociación, pero no los confunda. Puede parecer básico para algunos, pero hablando de la experiencia de asesorar a clientes en todo el mundo, todavía hay muchos que confunden el comercio con la inversión.

Soluciones:

Está bien hablar de problemas y desafíos, pero obviamente debemos tener algunas soluciones.

Pocas Palancas: Para evitar el problema de tener muchos riesgo, una solución comprobada es usar pocas palanca, porque le da tiempo para pensar, para reaccionar de manera más efectiva, y no será tan afectado por los cambios en el mercado.

Escalando Fuera y Dentro: Escalar fuera y dentro es uno de mis favoritos. Lo uso con inversiones y también con mis negocios. La teoría detrás de esto es que permite que el mercado le diga qué camino tomar, es así de simple. Un ejemplo, planeo comprar 250 altcoins de GCMS después de haber realizado mi análisis técnico y fundamental. ¿Cómo comienzo? Comenzaría con 25 o 50 monedas y luego dejar que el mercado confirme si estoy en el camino correcto. Si compré monedas de GCMS a 100 dólares y de repente saltan a 125 por moneda, genial, el mercado confirma que tomé la decisión correcta. En este ejemplo, si comencé con 25 monedas, agregaría otras 25 o 50 y repetiría el proceso hasta alcanzar mi objetivo de 250 monedas.

Hay algunos que podrían decir que perdí un poco en el movimiento de 100 a 125 y si lo hice, pero también estoy más seguro en mi decisión por ser paciente. En lo contrario, escalando fuera, imaginemos que el mercado se ha movido en mi contra, en lugar de tener 250 monedas en riesgo inicialmente, solo habría sido 25. Obviamente hay una compensación, pero por experiencia, es en beneficio de aquellos que están escalando fuera y dentro.

Otro ejemplo, digamos que compró 100 monedas a 100 dólares cada una y el precio baja repentinamente a 90. Lo que sugeriría, en lugar de vender todo inmediatamente, es que considere vender solo 25 o 30 porque la caída podría deberse a una reacción exagerada en el mercado. Hay varias cosas que podrían estar en juego, por ejemplo, un rumor falso, nuevamente está permitiendo que el mercado lo guíe por el camino correcto. Por supuesto, si el precio continúa bajando, entonces decidirá una salida final si va más allá de su pérdida mental.

Mercados de Comercio Liquido: Comerciar con mercados líquidos es algo que no puedo dejar de hacer hincapié. Tener un tipo de comercio de este tipo (con capital de ultra riesgo) está bien, siempre que sepa el riesgo. Sin embargo, para el comercio regular, las criptomonedas con baja liquidez según los estándares de criptomonedas no son mi primera opción. La liquidez es fundamental, especialmente como comerciante, un inversionista no es tan sensible al tiempo, pero si está negociando donde es posible que necesite realizar movimientos repentinos, va a desear tener criptomonedas líquidas.

Líquido, para ser claros, es la capacidad de entrar y salir del comercio con facilidad. Estar en un comercio y tener ganancias es maravilloso. Sin embargo, cuando llega el momento de convertir esas ganancias en ganancias reales y no puede hacerlo, entonces es una broma pesada ya que solo puede verlas mas no usarlas, no está nada bien. Por otro lado, si está perdido y no puede salir de esa posición, se convertirá en una pesadilla. No me importa quién está dando consejos, o cualquier blog que esté leyendo, debe comerciar las criptomonedas líquidas, no hay otra manera.

Eligiendo Criptomonedas: Seleccione algunas y conózcalas bien. Como se puede imaginar, ningún comerciante comercia con 600 monedas diferentes a la vez. Muchas personas comienzan con las criptomonedas más conocidas, Bitcoin, Ethereum, por ejemplo. Después de un tiempo, al intercambiar algunas criptomonedas seleccionadas, se familiariza con ellas y obtendrá una idea más profunda de cómo se mueven.

Juntando todo

Los comerciantes deben tener un sistema. Examinaremos y conectaremos los diferentes aspectos de un sistema de comercio.

Plataforma de Comercio: La selección de su plataforma es importante porque la plataforma es el vehículo que usa para realizar transacciones. Dado que el comercio es en línea, es esencial que esté utilizando una plataforma que coincida con su estilo. Podría ser una que sea multiactiva o una más básico. Debe conocer al proveedor detrás de la plataforma. Con las criptomonedas, tiene la opción de usar una plataforma o tratar directamente con el intercambio. En el mercado surgen regularmente nuevos intercambios y, dependiendo del país, deberá tener cuidado. Sugiero que busque una recomendación de un amigo o un asesor de confianza.

Objetivos: Sin objetivos, es realmente difícil comenzar a comerciar. La analogía que he escuchado y me gusta usar, en lo que respecta a los objetivos, es que sin uno sería el equivalente a dirigirse a un mostrador de ferrocarriles y decir simplemente "¡deme un boleto!" Y por supuesto preguntaran ¿Boleto hacia dónde?

Los objetivos a corto plazo podrían ser objetivos de ganancias mensuales o semanales, son individualizados. Las metas deben coincidir con su estilo y la cantidad de capital de riesgo disponible para comerciar.

Los objetivos a largo plazo a menudo están relacionados con su estrategia de inversión. También están relacionados con sus objetivos a corto plazo porque los objetivos a largo plazo deben basarse en los objetivos de beneficios a corto plazo. Debe haber un emparejamiento, porque si tiene un objetivo semanal de 100 dólares y un objetivo mensual de 1,000, entonces hay una discrepancia que debe resolver.

Preparación Mental: Debe estar psicológicamente preparado para comerciar. Si está a punto de comerciar y está tenso o nervioso, debe tomarte un descanso. Medite, haga ejercicio, haga otra cosa, pero es importante que no cambie hasta que esté psicológicamente preparado.

Con el comercio debe tener la mentalidad de no tomar las cosas personalmente. Elimine las emociones del comercio, el objetivo es simplemente ganar dinero.

Conozca su Tolerancia al Riesgo: ¿Cuánto está dispuesto a arriesgar en cada negociación? Es importante que recuerde la regla número uno de oro de los negocios, "sin dinero, no hay trato". No importa lo que le digan, si no hay efectivo, no hay negociación y esto debe tomarse en serio. Esto se relaciona con su tolerancia al riesgo, por ejemplo, tener un saldo en efectivo de 10,000 USD y quiere arriesgar 1%, la cantidad es de 100 dólares. Lo que significa que de su capital de riesgo, independientemente de lo que está negociando, cuando establece su límite de perdida (mental o en una plataforma) no debe exceder los 100 USD.

Haga sus diligencias debidas: Un nuevo día ha comenzado y su computadora está encendida, ¿qué pasó durante la noche? ¿Qué pasó en los mercados de criptomonedas? Debe tener en cuenta las noticias que surgieron de la noche a la mañana y, lo que es más importante, cómo reaccionaron los mercados ante ellas. A veces, lo que en teoría deberían ser buenas noticias, los mercados pueden sorprender con una reacción negativa.

Cómo elegir su nivel de entrada: Conocer su punto de entrada significa que tiene una buena razón para cada negociación que lleva a cabo. Si no tiene una buena razón, le sugiero que tome los fondos y los envíe a una organización benéfica. Al elegir su nivel de entrada, necesita una buena relación riesgo-recompensa y esto debe coincidir con su tolerancia al riesgo. El análisis técnico / fundamental también se toma en consideración. Los niveles de soporte y resistencia, noticias, todos son esenciales antes de ejecutar cualquier negocio. Si está comerciando criptomonedas, debe saber dónde están las líneas de soporte y resistencia para el período de tiempo que está negociando.

Conozca su nivel de salida: ¿Cuál es su objetivo en ganancias, es de mil dólares o menos? Debe ser consciente de esto Cuando establece límites para controlar las pérdidas, lo primero que debe hacer es asegurarse de que están dentro de sus parámetros. Al igual que con su nivel de entrada, debe conocer los niveles fundamentales de análisis, soporte y resistencia, y la regla de oro de otros comerciantes "cortar sus pérdidas y dejar que las ganancias se ejecuten". Muchos comerciantes dicen que las ganancias se cuidan, pero debe mantenerse alerta en las pérdidas.

Lleve un diario: Puede que no sea para todos, pero es algo que utilizo para registrar mis operaciones. Incluye varias cosas, donde entré en el negocio, mi nivel de salida, y por qué pensé que el negocio era una buena idea cuando entre. En la revisión de su diario, si hay patrones, comenzará a detectarlos. Puede eliminar un patrón que no está funcionando o expandir uno que sí lo este. Esto le ayuda a afinar sus negocios.

Evalué sus resultados: Revise sus ganancias o pérdidas del día. Es importante porque, si bien el comercio puede ser divertido, es un negocio y el objetivo es obtener ganancias. Si en la revisión de su ganancia / pérdida descubre que no es lo que pretendía, su deber es averiguar por qué. También necesita saber qué hay detrás de sus buenos resultados. Tal vez fue pura suerte, y si ese fue el caso, genial, pero la suerte normalmente no es una estrategia sostenible para los negocios. Sugeriría, como lo hago en mi negociación, revisar su diario. ¿Fueron las noticias del mercado? ¿O era el tamaño de las posiciones? Estos factores pueden influir en los resultados.

Herramientas para el análisis Cripto Técnico

El punto clave para ganar dinero con el análisis técnico es identificar la tendencia y comerciar con ella. Las tendencias le muestran hacia dónde es más probable que los precios vayan en el futuro. Si la tendencia de una criptomoneda se dirige hacia arriba, entonces necesita comprarla para ganar dinero. Si la tendencia de una criptomoneda comienza a bajar, debe venderla para obtener ganancias. Si la tendencia de una criptomoneda es hacia los lados, sin una dirección clara, o bien debe realizar pedidos contingentes (no comercios) o esperar hasta que se establezca una tendencia clara hacia arriba o hacia abajo antes de negociar. No se recomienda luchar contra la tendencia, si elige hacerlo, en la mayoría de los casos será una experiencia costosa.

Las tendencias normalmente no se mueven directamente hacia arriba o directamente hacia abajo. Por lo general, se mueven en una dirección durante un período de tiempo y luego retroceden temporalmente, parte del movimiento anterior antes de continuar de nuevo en la dirección original. Cada vez que una criptomoneda retrocede y comienza a moverse en la dirección opuesta, forma un nuevo punto alto o uno bajo. Por ejemplo, se forman nuevos máximos cuando una criptomoneda se mueve hacia arriba y luego gira y se mueve hacia abajo. Los nuevos mínimos se forman cuando una criptomoneda se mueve hacia abajo y luego gira y se mueve hacia arriba. La identificación de estos altos y bajos le permite identificar si una criptomoneda está en una tendencia alcista, bajista o lateral.

Tendencia al alza - Los mercados que tienden hacia arriba forman una serie de altos y mínimos más altos.

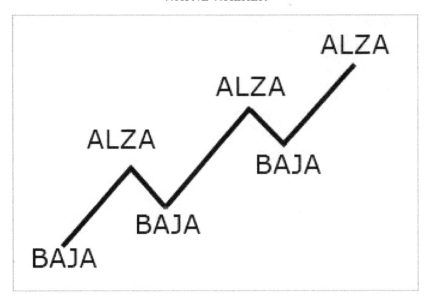

Tendencia a la baja - Los mercados que tienden a la baja forman una serie de mínimos y mínimos más bajos.

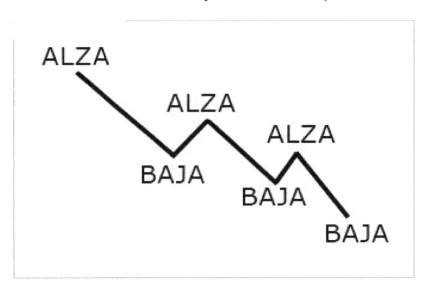

Tendencias laterales - Una criptomoneda que tiende hacia los lados forma una serie de altos que se encuentran aproximadamente en el mismo nivel de precio y una serie de mínimos que se encuentran aproximadamente en el mismo nivel de precios.

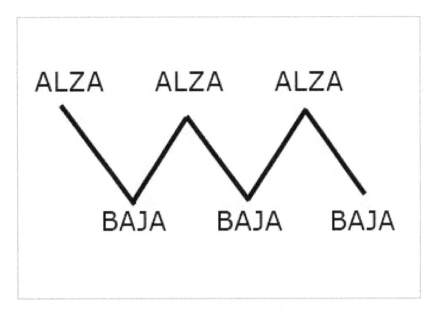

Tendencias - Ya sea que se trate de tendencias de alza, de baja o laterales, las tendencias se pueden formar a lo largo de varios períodos de tiempo. Identificar las diferentes tendencias en cada período de tiempo y ser capaz de alinearlas en su análisis es crucial para su éxito como comerciante.

Definiendo de un gráfico de velas

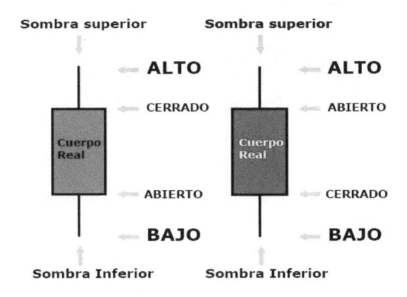

Comencemos por definir el grafico de vela. Se trata de una línea en un gráfico que representa un punto y muestra el alto, bajo, abierto y cerrado para cada período. Por ejemplo, si tenemos un gráfico diario, cada vela representa un día y mostrará el alto, bajo, abierto y cerrado de ese día. En muchas plataformas, una vela roja significa que el precio de cierre es más bajo que el precio abierto para ese período. Una vela verde significa que el precio de cierre es más alto que el precio abierto para ese período.

Indicadores de análisis técnico

Echaremos un vistazo a los indicadores de Media móviles, RSI y Bandas de Bollinger. Primero están los promedios móviles, y son útiles porque hacen que sea más fácil detectar una tendencia. Esto es clave con las monedas, las criptomonedas o algunos de los derivados donde un mercado al alza es bueno y un mercado a la baja también es bueno. Por lo tanto, todo lo que tenemos que hacer es identificar o detectar esta tendencia. Para ilustrar, una media móvil de cincuenta días suma los precios de cierre de los últimos cincuenta días, se divide por cincuenta y traza un punto en la tabla para cada día.

Gráfico de Media Móvil

Repasemos algunas configuraciones básicas con el indicador de media móvil. Si tenemos configuraciones en un cuadro de MV diez, MV cincuenta, entonces diez es a corto plazo, cincuenta es a largo plazo. El promedio móvil más corto, si está por encima del más largo, la tendencia se considera hacia arriba. Si el promedio móvil más corto está por debajo del promedio móvil más largo, entonces las tendencias se consideran a la baja. En un gráfico, si ve que el diez se está rompiendo por debajo de los cincuenta, el largo plazo en este ejemplo, podría tomarse como el signo inicial de una señal de venta.

Con los promedios móviles, las señales de compra y venta se generan al cruzar el precio por encima o por debajo de la línea del promedio móvil. Hay un término que escuchará mucho si está rodeado de personas que trabajan en análisis técnico, se llama cruz de oro y significa que el corto plazo se rompe a largo plazo. El ejemplo que tenemos es diez y cincuenta, pero podrían haber sido veinte y treinta, quince y diecisiete, depende del comerciante y el instrumento que están negociando.

Índice de Fuerza Relativa

El IFR, que es el Índice de fuerza relativa, se utiliza para identificar si el mercado (acciones, divisas, criptomonedas, etc.) está sobrecomprado o sobrevendido. Se clasifica como indicador principal porque comienza a dar señales antes de que la tendencia haya comenzado. Tiene un índice de cero a cien.

El gráfico IFR es visible debajo del gráfico EURUSD. El IFR coincide más o menos con lo que está sucediendo en el gráfico y debería. Las lecturas inferiores a treinta indican que el mercado puede estar sobrevendido y cuando vea o escuche el término sobrevendido significa una venta excesiva. Las lecturas superiores a los setenta indican que el mercado puede estar sobrecomprado, una compra excesiva. Tenga en cuenta que estas son indicaciones, no son garantías de nada. Como nota, el mercado puede permanecer sobrecomprado o sobrevendido durante un período considerable de tiempo.

Bandas Bollinger

Las Bandas de Bollinger son una herramienta que muchos inversionistas y comerciantes usan cuando quieren agregar diferentes aspectos de análisis técnico a los comercios que tienen abiertos. Se usan para medir la volatilidad del mercado. Las bandas definen los límites superior e inferior del rango de negociación. Cuando vea las bandas en una tabla, tendrá una banda superior e inferior. El espacio entre la parte superior e inferior se llama canal de compra y venta. Utilice el espacio entre las bandas para tener una idea de dónde se encuentra dentro del rango de negociación. Si está cerca de la cima, sabe que está cerca del nivel de resistencia y existe la posibilidad de una reversión de precios (el mercado invierte la dirección). Si se encuentra en la parte inferior, sabe que se encuentra cerca del nivel de soporte para una reversión potencial de los precios. En su mayor parte, los precios permanecen entre las bandas. Si el precio comienza a explotar, muchos comerciantes toman esto como una señal, por lo que es necesario tener en cuenta eso.

Entender los niveles de soporte y resistencia

El nivel de soporte es el nivel de precio al que el instrumento negociado históricamente ha tenido dificultades para caer. Por ejemplo, si tenemos soporte alrededor de 1.4380, podrá ver en un gráfico que el mercado ha estado en ese nivel (1.4380) varias veces sin caer más bajo, por lo que en jerga de análisis técnico esto se consideraría un nivel de soporte. El nivel de resistencia es exactamente el opuesto, el nivel de precio en el cual históricamente el instrumento ha tenido dificultades para negociar hacia arriba.

Patrones de gráfico "W" doble abajo o "M" doble arriba

Estos son patrones de gráficos en los que el precio cotizado para el instrumento se mueve en un patrón similar a la letra "W" (doble abajo) o "M" (doble arriba). Los patrones doble arriba y abajo se utilizan en el análisis técnico para explicar los movimientos en una acción, criptomoneda u otras inversiones, y se pueden usar como parte de una estrategia comercial para explotar patrones recurrentes. Una doble arriba y abajo son patrones de inversión de tendencia.

Un **Doble Abajo** tiende a ocurrir después de una fuerte tendencia a la baja, e indica que una tendencia en alza puede ser inminente. Los "abajo" son valles que se forman cuando el precio alcanza cierto nivel de soporte que no se puede romper. Después de alcanzar este nivel, el precio rebotará ligeramente antes de volver a probar el nivel nuevamente. Si el precio rebota en el soporte por segunda vez, entonces tiene una formación de doble abajo. Si el segundo fondo no puede romper el mínimo del primero, entonces esta es una fuerte señal de que va a ocurrir una reversión. Se dibuja una "línea de cuello" en el punto más alto entre los dos "puntos". Con un doble abajo, podría pensar en colocar su orden de entrada larga (compra) por encima de la línea de cuello porque espera que la tendencia cambie hacia arriba.

Un **Doble Arriba** generalmente se forma después de una tendencia en alza extendida, e indica que una tendencia a la baja puede ser inminente. Los "arriba" son picos que se forman cuando el precio alcanza un cierto nivel de resistencia que no se puede romper. Después de llegar a este nivel, el precio rebotará levemente, pero luego regresará para probar nuevamente el nivel. Si el precio rebota de ese nivel nuevamente, entonces tienes un doble arriba. Si la segunda parte superior no puede romper el alto de la primera parte superior, entonces esta es una señal fuerte de que va a ocurrir una reversión. Se dibuja una "línea de cuello" en el punto bajo entre los dos "arriba". Con un doble arriba, podría pensar en colocar su orden de entrada corta (venta) debajo de la línea de cuello porque está esperando que la tendencia cambie hacia abajo.

Sus siguientes pasos

Antes de entrar de lleno, podría prepararse un poco más con una clase en línea, tengo una en (gcmsonline.info) o simplemente hablar con un asesor de confianza. Advierto sobre el uso de algunos de los foros de criptomonedas en línea. La mayoría no tiene ningún tipo de supervisión real. Solo un escaneo de varios de los más grandes disponibles en las principales redes sociales y las respuestas proporcionadas a algunas de las preguntas de los miembros son absolutamente aterradoras.

Los últimos meses han sacudido la confianza de muchos acerca de los Cripto mercados, especialmente aquellos que compraron en diciembre de 2017 para ver cómo sus cuentas explotaban. He conocido a algunos en clase y compartiré con ustedes lo que les conté junto con algunos gráficos: si esta por el largo plazo respire hondo y deje que las cosas salgan bien. Mucho de lo que estamos viendo se ha visto antes en los mercados de criptomonedas.

El Bitcoin y las criptomonedas han viajado mucho desde los días en que se asociaban principalmente con criminales. Ahora hay una conciencia pública más amplia y más positiva. Las transacciones a futuro del Bitcoin son incluso aprobadas por firmas de Wall Street de primer nombre, algo que no hace mucho se hubiera reído. Para que el progreso continúe como lo he explicado, es necesario que haya menos publicidad innecesaria, regulaciones más relevantes, una mayor seguridad y más transparencia de los intercambios. Creo que estas sugerencias asegurarán que las criptomonedas se conviertan en una clase de activos que vaya más allá de la fase actual.

Vocabulario esencial Cripto-Bitcoin

Blockchain: Es un registro público / ledger de transacciones de Bitcoin en orden cronológico. El Blockchain se comparte entre todos los usuarios de Bitcoin. Se usa para verificar la permanencia de las transacciones de Bitcoin y evitar el doble gasto.

Bloque: Es un registro en el Blockchain que contiene y confirma las transacciones en espera. Aproximadamente cada 10 minutos, en promedio, se crea un nuevo bloque que incluye transacciones a Blockchain a través de la minería.

Bloque Génesis: Este es el primer bloque que se creó y el comienzo del Blockchain.

Tasa de Hash: Es la unidad de medida de la potencia de procesamiento de la red Bitcoin. La red de Bitcoin debe realizar operaciones matemáticas intensivas por motivos de seguridad. Cuando la red alcanza una tasa de hash de 10 Th / s, significa que podrá hacer 10 billones de cálculos por segundo.

Minería: Es el proceso en el que el computador hacer cálculos matemáticos para la red de Bitcoin para confirmar las transacciones y aumentar la seguridad. Como recompensa por sus servicios, los mineros de Bitcoin pueden cobrar tarifas de transacción por las transacciones que confirman, junto con los Bitcoin recién creados. La minería es especializada y competitiva, las recompensas se dividen de acuerdo con la cantidad de cálculos que se realizan.

Confirmación: la confirmación significa que una transacción ha sido procesada por la red y es muy poco probable que se revierte. Las transacciones reciben una confirmación cuando se incluyen en un bloque y para cada bloque subsiguiente. Incluso una única confirmación se puede considerar segura para transacciones de bajo valor, aunque para cantidades mayores como 1,000 USD, tiene sentido esperar varias confirmaciones más.

Doble Gasto: Si un usuario malicioso intenta gastar sus Bitcoin en dos destinatarios diferentes al mismo tiempo, se trata de un doble gasto .La minería Bitcoin y los Blockchain están ahí para crear un consenso en la red sobre cuál de las dos transacciones confirmará y se considerará válida.

Air Drop: Air drop es el proceso en el que una empresa de criptomonedas distribuye tokens de criptomonedas a los monederos de algunos usuarios de forma gratuita. Los Air drops generalmente son llevados a cabo por empresas emergentes en Blockchain para arrancar sus proyectos.

Llave Privada: Es una pieza de datos secreta que muestra su derecho a gastar Bitcoin desde una billetera específica a través de una firma criptográfica. Sus claves privadas se almacenan en su computadora si usa una billetera de software; se almacenan en algunos servidores remotos si usa una billetera web. Las claves privadas nunca deben revelarse, ya que le permiten gastar Bitcoin para su respectiva billetera.

Firma: Una firma criptográfica es un mecanismo matemático que permite que alguien pruebe su propiedad. En el caso de Bitcoin, una billetera de Bitcoin y sus claves privadas están vinculadas por magia matemática. Cuando su software de Bitcoin firma una transacción con la clave privada apropiada, toda la red puede ver que la firma coincide con los Bitcoin que se están gastando. Sin embargo, no hay forma de que el mundo adivine su clave privada para robar sus Bitcoin.

Billetera: Una billetera de Bitcoin es, en general, el equivalente a una billetera física en la red de Bitcoin. La billetera en realidad contiene su (s) llave (s) privada (s) que le permiten gastar los Bitcoin asignados a ella en el Blockchain. Cada billetera puede mostrarle el saldo total de todas las Bitcoin que controla y le permite pagar una cantidad a una persona específica.

Almacenamiento en frio: Este es el proceso de mover sus Bitcoin a una billetera fuera de línea. El beneficio de esto es que nadie puede hackear su computadora y robar sus claves privadas si su computadora no está conectada a una red. Los Bitcoin deberán retirarse del almacenamiento en frío para gastarse o transferirse de nuevo.

Fungibilidad: Es la propiedad de un bien o una mercancía cuyas unidades individuales son intercambiables. Por ejemplo, dado que un kilo de oro puro es equivalente a cualquier otro kilo de oro puro, ya sea en forma de monedas o en otros estados, el oro es fungible. Otros productos fungibles incluyen, petróleo crudo, acciones, bonos, monedas. Un diamante no es ya que cada uno es único.

Dirección: Una dirección de Bitcoin es una cadena única de 27-34 caracteres alfanuméricos. Una dirección se puede crear libremente con el uso de una billetera y siempre comienza con un 1 o un 3.

Monedas alternativas (altcoins): Las diferentes monedas alternativas que han surgido basadas en la idea y / o el código básico de Bitcoin. Algunos de los más notables son Litecoin, IOTA y Ripple.

Bifurcación: Una "Bifurcación" es un cambio al software de una moneda digital que crea dos versiones separadas del

Blockchain con un historial compartido. Pueden ser temporales o pueden ser una división permanente en la red creando dos versiones separadas del Blockchain. Cuando esto sucede, también se crean dos monedas digitales diferentes.

DDOS: Abreviatura de 'Denegación de servicio distribuida'. Un ataque DDOS oportuno en intercambios durante movimientos volátiles puede ser devastador ya que los usuarios no podrán ejecutar ningún pedido manualmente y estarán a merced de sus pedidos preestablecidos.

ERC20: Un estándar técnico utilizado para contratos inteligentes en el Blockchain de Ethereum para implementar tokens. ERC significa Solicitud de comentarios de Ethereum y 20 es el número asignado a esta solicitud.

ERC20 define una lista común de reglas para que las fichas de Ethereum sigan dentro del ecosistema de Ethereum más grande, lo que permite a los desarrolladores predecir con precisión la interacción entre tokens.

Blockchain:

Aplicaciones y Entendimiento En El Mundo Real

Introducción

Partiremos del mundo de las criptomonedas al de los blockchains, que es la tecnología subyacente de las criptomonedas. Esta sección ampliara enormemente su conocimiento sobre blockchains y sus aplicaciones. De igual forma aumentara su capacidad para separar la realidad de la tecnología de gran parte de la exageración mediática que estamos experimentando en el mercado.

¿Qué es el Blockchain?

En 2008, el primer Blockchain fue diseñado por Satoshi Nakamoto, quien presento la idea junto con el Bitcoin. El Bitcoin fue la primera ejecución de la tecnología. Blockchain es un tipo de Tecnología Ledger Distribuida (DLT). Un Ledger Distribuido son datos replicados, compartidos y sincronizados geográficamente entre sitios, instituciones o países. Es importante tener en cuenta que desde el principio los Ledgers Distribuidos no tienen un administrador central. DLT es la tecnología subyacente para el Bitcoin y otras criptomonedas.

Una herramienta diferente para personas diferentes

Las criptomonedas son de menor importancia para un especialista en Blockchain porque hacen mucho más que eso. De hecho, algunos Blockchainer, como me gusta llamarlos, a veces se molestan cuando mencionas el tema de las criptomonedas en sus eventos.

Para los cripto-entusiastas, el Blockchain es la columna vertebral técnica de las monedas digitales. Los desarrolladores lo usan para almacenar datos en una red distribuida y para los futuristas es una herramienta para crear una sociedad descentralizada.

Blockchain Construyendo Bloques

Cada bloque en un Ledger está conectado al bloque anterior por un algoritmo criptográfico llamado hash. Los bloques vinculados forman una cadena, lo que nos da el término "blockchain."

Blockchain es una forma de base de datos que se distribuye y opera por consenso. Las computadoras en la red, conocidas como nodos, validan las transacciones y las agregan a la cadena de bloques. Sin una fuente centralizada para verificar los cambios, se utiliza un algoritmo de consenso distribuido para crear un acuerdo entre los nodos, de modo que se realice la misma entrada en cada ledger.

Descentralización: cada parte de un Blockchain tiene acceso a toda la base de datos y su historial completo. Cada parte puede validar los registros de sus socios sin un intermediario.

Inmutabilidad: cada bloque tiene una marca de fecha y un enlace al bloque anterior. Los bloques son resistentes a las modificaciones. Una vez registrados, los datos en cualquier bloque no se pueden alterar retroactivamente sin la alteración de todos los bloques posteriores. Los algoritmos se implementan para garantizar que la grabación en la base de datos sea permanente

Transmisión Peer-2-Peer (P2P): La comunicación ocurre directamente entre pares sin un nodo central.

Programable: las transacciones se pueden programar. Los usuarios pueden configurar algoritmos y reglas que automáticamente activen transacciones entre nodos.

Volvámonos Nerds

Un bloque contiene datos, su hash y el hash del bloque anterior. Ahora profundicemos un poco más la explicación:

Datos: los datos almacenados dependen del tipo de bloque. Por ejemplo, con una criptomoneda puede contener información sobre el remitente, el receptor y el monto de la transacción.

Su hash: una vez creado un bloque, su hash es calculado. El hash es único, básicamente es la huella digital del bloque.

Identifica tanto el bloque como sus contenidos.

Hash: Hash del bloque anterior.

Un ejemplo: el bloque 4 tiene su propio hash, más el hash del bloque 3. Solo el bloque 1 no tiene hash previo y esto se conoce como el bloque Génesis. Si modifica el hash del bloque 3, todos los bloques subsiguientes son inválidos porque el bloque 4 ya tiene el hash correcto del bloque anterior (bloque 3). Por lo tanto, todos los demás bloques después del bloque 3 no son válidos.

La red P2P distribuida: si se modifica el hash del bloque 3 cuando es enviado a la red, será rechazado por los otros nodos (porque fue alterado).

Para tener éxito con la manipulación, se debe alterar todos los bloques. Rehacer el POW (prueba de trabajo) de cada bloque para tomar el control del 51% de la red P2P. * POW: ralentiza la creación de nuevos bloques.

Prueba de trabajo: Es el método más utilizado para establecer consenso. El consenso de la prueba de trabajo requiere que cada nodo resuelva una ecuación extremadamente compleja para completar cada bloque. El punto de la complejidad de la ecuación es obligar a cada nodo a usar una cantidad significativa de potencia de procesamiento y electricidad para resolverlo. Se proporciona una definición ampliada en el capítulo "Kit de Primeros auxilios para el Blockchain" más adelante en el libro.

Tipos de Blockchain

El primero es un Blockchain público o sin permiso, lo que

significa que cualquiera puede acceder a él. El siguiente es uno privado que requiere permiso para acceder Esta es una red cerrada de nodos y solo aquellos relevantes para las transacciones pueden obtener acceso. Esto es lo mejor para gobiernos, hospitales, aseguradoras, etc. También hay una Blockchain híbrido en el que cualquiera puede acceder, pero no todos pueden hacer actualizaciones. Otra versión híbrida podría ser que algunos datos son legibles para el público y otros no.

Tener en Cuenta

El Blockchain Destaca realmente en entornos de baja confianza. Estas son situaciones en las que los participantes no pueden tratar directamente entre ellos o carecen de un intermediario de confianza.

El Blockchain verifica pero NO valida, por lo tanto, basura entra basura sale. Se pueden haber ingresado datos falsos, esto también aplica a todos los datos fuera de la cadena. Es tan fuerte como su eslabón más débil, por ejemplo, si los sensores que registran datos son incorrectos, la cadena de bloques es incorrecta.

La gente también debe recordar que gran parte de la tecnología involucrada es de primer mundo, por lo que no es para todos y no puede resolver todos los problemas. La tecnología y los sistemas humanos deben estar alineados.

Figure 2: Blockchain and key features at a glance

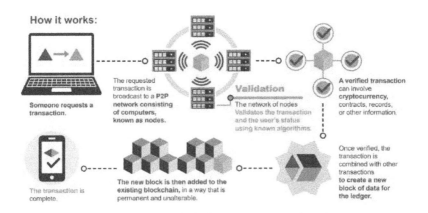

How it works:

Someone requests a transaction.

The requested transaction is broadcast to a P2P network consisting of computers, known as nodes.

Validation

The network of nodes Validates the transaction and the user's status using known algorithms.

A verified transaction can involve cryptocurrency, contracts, records, or other information.

The transaction is complete.

The new block is then added to the existing blockchain, in a way that is permanent and unalterable.

Once verified, the transaction is combined with other transactions to create a new block of data for the ledger.

Una red básica Blockchain

¿Necesitas Blockchain?

En mi esfuerzo por reducir algo de la publicidad innecesaria sobre la tecnología Blockchain, revisaremos las preguntas que deben responderse antes de configurar una red.

¿Se considera probable que se ataque la base de datos o necesita copias redundantes en múltiples computadoras distribuidas? Si es así, entonces hay una posible necesidad de un Blockchain. Si no, entonces no hay necesidad.

¿Más de un participante necesita actualizar los datos? Si es así, entonces es posible la necesidad de un Blockchain. Sin embargo, si confían el uno en el otro, entonces no. Si confían en un tercero, también no.

¿Los datos deben mantenerse en privado? Sí, entonces necesita un Blockchain.

¿Necesita controlar quién puede hacer cambios en el Blockchain? En caso afirmativo, es posible que necesite un Blockchain con autorización.

Una respuesta negativa a las dos preguntas anteriores conduce a una posible necesidad de un Blockchain público.

Antes de subir al tren Blockchain

Antes de lanzar un proyecto Blockchain, debe investigar si su tecnología actual de base de datos o alguna otra tradicional puede satisfacer sus necesidades. Es necesario aclarar si el problema requiere la tecnología Blockchain en lugar de acudir al Blockchain y luego ver que uso puede darle.

Cualquier caso de negocios para implementar el Blockchain también debe tener en cuenta los costos potenciales más allá del hosting, la concesión de licencias y la implementación. Gran parte de las dramáticas predicciones de ahorro de costos, especialmente en el sector financiero, con el reemplazo de sistemas legales, es poco probable en los niveles previstos. La publicidad a menudo no tiene en cuenta los costos futuros de energía y almacenamiento. Los gastos de energía pueden aumentar significativamente a medida que aumenta el volumen de transacciones. Los mayores costos de almacenamiento se deben a que cada nodo debe mantener un ledger de todas las transacciones desde el comienzo de la cadena de bloques. Junto con los aspectos técnicos, la educación de los empleados en Blockchain y las adaptaciones prácticas deben incluirse en la estrategia.

Invirtiendo en Blockchain por Sectores

Blockchain sigue siendo una tecnología relativamente joven. La mayor parte del valor a corto plazo estará en la reducción de costos. Los servicios de hospitalidad, automotriz y financieros son algunos de los primeros en usarlo. Solo en los servicios financieros, hasta el momento más de 90 bancos importantes en los Estados Unidos, Canadá y Europa ya están probando soluciones Blockchain.

Algunos de los nombres financieros más importantes como Citi y Bank of America están ocupados asegurando patentes para capturar ciertos segmentos del mercado. Los segmentos incluyen transferencias electrónicas, sistemas de pago e incluso sus propias criptomonedas.

Aplicaciones prácticas y uso en el mundo real

- New York Interactive Advertising Exchange (NYIAX): está utilizando Blockchain como una forma de proporcionar un mercado publicitario para los editores.

- Maersk: tiene proyectos basados en Blockchain para la logística marítima a fin de explorar posibles ahorros de costos. Esto se debe a los gastos de verificación de los documentos de carga, que a veces es más costoso que el envío. Este costoso proceso involucra a más de 200 personas que incluyen agentes, funcionarios gubernamentales y agencias.

- DeBeers: utiliza la tecnología para rastrear la importación y venta de diamantes.

- Essentia: utiliza Blockchain para almacenar datos de pasajeros en los Países Bajos.

No tan virgen

La seguridad alimentaria y la rastreabilidad es un tema importante para todos los países. Está el proceso "de la granja a la mesa", donde los alimentos se rastrean desde la producción-> a la distribución-> a los minoristas. Por ejemplo, con la tecnología Blockchain si algo está contaminado, ahora se puede destruir lotes específicos y no todo, lo que ha sido una práctica normal hasta ahora.

La tecnología también se puede utilizar para reducir los productos alimenticios falsificados y alterados. La historia que más me llamó la atención fue que en Europa hay más ofertas de aceite de oliva virgen extra de lo que realmente se produce. ¿Cómo es esto posible? Porque el aceite de oliva virgen extra falso es tan rentable como tratar narcóticos ilegales, pero sin el riesgo. En un equipo danés de seguridad alimentaria de 2015 que realizó un chequeo aleatorio de una caja de 35 botellas con la etiqueta de virgen extra, solo 6 fueron virgen extra, 12 fueron tan malas que no pudieron venderse al público. Una de las varias explicaciones posibles es que todo comenzó con el distribuidor que certificó que un proveedor es "confiable". El proveedor normalmente proporcionará los primeros envíos según lo acordado, y luego para aumentar los beneficios, comenzaron a bajar la calidad con los envíos futuros.

Esto no es exclusivo de Dinamarca o del aceite de oliva, lamentablemente ocurre en otros países y con otros productos. Cuando leí sobre este caso e investigué más, quedé atónito al descubrir que gran parte del aceite de oliva virgen extra del mercado no es virgen extra ni del país que está en la etiqueta del frasco. Para aquellos que quieran profundizar, hay muchas historias y fuentes en la web para seguir.

Blockchain y bienes raíces

La industria de bienes raíces también es una de las áreas que recibe mucha atención de los especialistas en Blockchain. Comprar una casa se considera un rito de transición a la edad adulta para muchas personas en todo el mundo y Blockchain ofrece una nueva forma de lograrlo. Puede usar la tecnología para transferir propiedades a terceros en un proceso seguro y legítimo.

El mercado inmobiliario actual lucha con los problemas de listados falsos, falsificación de documentos y estafas de alquiler. El proceso de venta de casas es engorroso y muy lento. Con los contratos inteligentes, los documentos y los contratos están conectados a un Blockchain. Estos registros son inmutables, permanentes y transparentes. Esto incluirá un sistema de contabilidad donde las transacciones se registran automáticamente y se equilibran sin temor a la manipulación. Cada individuo o corporación tendrá un registro electrónico seguro que muestre todos los detalles. Esto ayudará a garantizar que el fraude a la propiedad y las escrituras se conviertan en cosas del pasado.

Mini Caso de estudio

En mi investigación para el libro, encontré una firma en el área de la ciudad de Nueva York que tiene una plataforma innovadora diseñada para dar servicio al sector financiero. La plataforma sirve como un mercado para que los bancos exhiban y vendan sus propiedades directamente a compradores y desarrolladores de viviendas. Las propiedades se venden digitalmente, todas iniciadas por contratos inteligentes y registrados en un Blockchain privado.

La plataforma muestra documentos preestablecidos y contratos de firma electrónica, lo que minimiza el seguimiento de ida y vuelta, y simplifica el proceso de firma para bancos y compradores de vivienda. Todos los documentos se graban y se rastrean en su Blockchain. Los usuarios pueden navegar por perfiles y conectarse directamente con corredores de bienes raíces, agentes, abogados, inspectores y otros profesionales.

Similar a algunos sistemas de pago famosos como PayPal, la plataforma procesa pagos y transacciones en línea. Los pagos por servicios inmobiliarios y compras de propiedades se realizan a través de contratos inteligentes, luego se registran y rastrean en su Blockchain.

Los usuarios también pueden ver planos actualizados, fotos de propiedades, recorridos en 3D, videos digitales y fotos de drones de las propiedades. También reciben una billetera digital. Pueden almacenar, recibir o enviar pagos digitales a otros usuarios en la plataforma y sí, todos los pagos se registran y se siguen en su Blockchain privado.

Obviamente, esta no es la única empresa en este sector. De mi investigación y lo que cualquiera puede confirmar con una simple búsqueda en la web es que hay muchas empresas explorando oportunidades en el espacio de bienes raíces Blockchain. Predigo que de todas las industrias que buscan aplicaciones prácticas de la tecnología Blockchain de bienes raíces será una de las coincidencias más fáciles.

Blockchain como servicio (BCS)

BCS ofrece a las empresas la oportunidad de probar la tecnología Blockchain sin el riesgo financiero u organizativo completo de desarrollarla ellos mismos. Las organizaciones pueden evaluar la tecnología para sus necesidades específicas antes de usarla. Azure de Microsoft e Hyperledger de IBM son dos de los ejemplos más conocidos de BCS.

Los desarrolladores también están ocupados generando sus propias aplicaciones descentralizadas en plataformas como el Ethereum. Otros están utilizando las plataformas para generar contratos inteligentes de depósitos en garantía. Estas diferentes opciones de plataforma también brindan oportunidades a los equipos de desarrolladores para crear y usar sus propios tokens que les permiten tener ICOs.

Construye tu propio Blockchain

Ethereum le permite crear su propia red Blockchain de prueba, una versión demo. Es idéntico a la cadena principal de Ethereum, excepto que las transacciones y los contratos inteligentes en esta red solo son accesibles a los nodos que están conectados a ella.

Para convertirse en un nodo en la red de Ethereum, su computadora necesita descargar y actualizar una copia de toda la cadena de bloques de Ethereum. También proporcionan las herramientas para descargar con el fin de interactuar con la red. Estos son, Eth y Geth.

Después de configurar una cadena de bloques de prueba, puede crear contratos inteligentes, realizar transacciones e incluso distribuir aplicaciones sin necesidad de Ether real. Para comenzar, cree un Ether falso, agréguelo a su cuenta y luego úselo para realizar transacciones.

Contratos Inteligentes

Un contrato inteligente es un contrato digitalmente ejecutable y un programa de computadora que se almacena dentro de un Blockchain. Esta es la próxima generación o, como algunos la describen, la evolución de los Blockchain. Transforma el Blockchain de un sistema de ledger distribuidos en una nueva forma de almacenar, transferir y comunicarse entre las partes de una red.

Los términos del acuerdo u operación se escriben en líneas de código que se ejecutan cuando se desencadenan por ciertos eventos. Los contratos se pueden usar para automatizar operaciones básicas en una red, eliminando así la necesidad de un tercero de confianza.

Un contrato inteligente podría permitirle enviar Ether en una fecha determinada, similar a un pago directo, excepto que es automático y transparente. El usuario crea un contrato y luego agrega suficiente Ether para ejecutar el comando. Cada transacción realizada a través del contrato se registra y actualiza en el Blockchain.

Una nota: el éter es la moneda nativa de la cadena de bloques de Ethereum.

Plataforma e Idioma

Ethereum fue creado y diseñado para soportar contratos inteligentes. La máquina virtual Ethereum (EVM) ejecuta los contratos. Esta es una parte de la plataforma Ethereum que consiste en el EVM, más el Blockchain Ethereum.

La solidez es el lenguaje de programación utilizado. Comparte algunas reglas y principios (sintaxis) de JavaScript. Ethereum ha tenido la suerte de atraer a una amplia comunidad de desarrolladores y empresas que han desarrollado la capacidad de la red mediante la creación de aplicaciones descentralizadas.

Contratos inteligentes: ¿legalmente ejecutable?

Actualmente no son legalmente exigibles, el código no es una ley, pero eso podría cambiar en el futuro. Como sabemos, la gente generalmente piensa que los contratos son acuerdos que se pueden aplicar legalmente. Los contratos inteligentes no tenían la intención de ser aplicados legalmente. Tampoco puedes hacer un contrato ilegal. Por ejemplo, un contrato para cometer un acto ilegal no es válido ni exigible.

Tenga en cuenta que los contratos requieren contrapartes, los contratos inteligentes no. Cuando las cosas no salen según lo planeado, ¿a quién demanda? ¿A la red? ¿A los mineros de la red? ¿La persona o el equipo que escribió el código? Identificar una dirección de billetera en un Blockchain no es la tarea más fácil de lograr. Un contrato inteligente no garantiza que podrá averiguar quién usó su contrato. Una demanda debe ser presentada contra un individuo. Si no sabe quién es la otra parte, entonces no hay caso. No puede llevar a "nadie" a la corte.

¿Qué sucede cuando hay errores en el código, dejándolos abiertos para uso malicioso o si las transacciones deben modificarse o revertirse? Los contratos inteligentes no se ocupan de la ambigüedad o la incertidumbre, lo que lleva a algunos cínicos a quejarse alegando "entonces no son tan inteligentes". La realidad es que a los programadores no se les puede pedir que planifiquen para cada contingencia. El método inmutable de cumplimiento también garantiza que una vez que todas las partes hayan celebrado un contrato inteligente, se llevará a cabo independientemente de cualquier otro factor.

Contratos inteligentes: DAO

Organización Autónoma Distribuida (DAO): un desastre del mundo real. El contrato inteligente más grande hasta la fecha, un vehículo de inversión que permitió a los miembros participar utilizando sus claves criptográficas privadas para votar en qué debería invertir el fondo. Sin abogados, sin honorarios de gestión. Se jactaron de que DAO "elimina la capacidad de los directores y gestores de fondos de derrochar los fondos de los inversionistas".

Debido a un error de software, el DAO votó para invertir $ 50 millones de dinero de los miembros en un vehículo controlado por programadores que descubrieron debilidades en el software. Algunos dijeron que era un truco porque el software no funcionaba como estaba planeado, otros no estaban de acuerdo, afirmando que el software tomaba decisiones de forma autónoma y si no entendías cómo funcionaba, no debías unirte.

Los miembros observaron que los atacantes agotaban los fondos y no tenían poder para detenerlos. Al final, la gente votó para enmendar el contrato de software y los codificadores principales de Ethereum revirtieron el historial de transacciones y devolvieron el dinero a sus dueños originales.

Contratos Inteligentes la Regla de "Deshacer"

¿Cómo podemos recuperarnos después de un error? Las leyes inteligentes introducen la lógica humana a la situación. Esta es una combinación de la ley actual combinada con tecnología de ledger distribuidos para que se pueda hacer justicia. Una red puede tener una regla de "deshacer" para que, cuando se ejecute, pueda transferir cualquier activo digital de una cuenta a otra. Un escenario podría incluir, que la ley tiene una sección donde se selecciona a un miembro y se le da la autoridad para lanzar la ley especial de "deshacer" que congela los fondos. Esto se puede hacer con un algoritmo. Esto debería, en teoría, reducir el incentivo para robar activos, ya que luego pueden congelarse y devolverse a la cuenta de la víctima.

Otro problema que los miembros deben tener en cuenta es que el ejecutor podría cometer un error al ejecutar la decisión de congelar una cuenta. Luego, la red debe decidir si se compara con las consecuencias de la inacción, si un error que lleva a la detención accidental de un contrato puede ser el menor de dos males.

¿Qué es un ICO?

Según una encuesta reciente, la mayoría de los adultos estadounidenses no sabían qué era un ICO y dado el entorno actual es comprensible. En este capítulo, aclararemos las cosas.

Una Oferta de Moneda Inicial (ICO) es similar a una Oferta Pública Inicial (IPO). En las IPO, se les pide a los inversionistas que compren acciones de una compañía en un intento de la compañía por obtener capital. Sin embargo, con ICOs, los inversionistas compran la criptomoneda necesaria y hacen el pago usando Bitcoin o Ether.

El primer ICO fue el Proyecto MasterCoin en 2013 por J R Willet. Recaudó $ 500,000 en forma de 5,000 Bitcoins. Los inversionistas compraron MasterCoins a cambio de Bitcoins. Los 5,000 Bitcoins que MasterCoin recaudó en 2013 valieron aproximadamente $ 41 millones en junio de 2018.

Las ICO son populares en la actualidad y, por ahora, parece que los reguladores se quedan un paso atrás en la acción. En un intento por ponerse al día, varios países han limitado la capacidad de participación de sus ciudadanos. Esto protege a las personas de algunas estafas de ICO pero también les impide involucrarse en oportunidades potencialmente rentables.

Actualmente, los días de dinero fácil se han ido. Tener solo un papel en blanco sin estados financieros o evidencia de que la compañía existe y esperando que los fondos lleguen es cosa del pasado. A partir de 2018, es más difícil recaudar dinero, pero si el proyecto es bueno, será mayormente recompensado. Se recaudaron más fondos, $ 9 mil millones en los primeros 4 meses de 2018 que todo el 2017 con $ 6.1 mil millones

Reglas especiales de los Estados Unidos

La recaudación de dinero a través de ICO en los Estados Unidos viene con algunas regulaciones específicas para los Estados Unidos. Uno es la Reg D 506 (c), es relativamente fácil y rápida de cumplir. No hay límite en la cantidad que puede recaudar; se presenta un formulario D. El inconveniente es que está limitado a recaudar dinero de inversionistas acreditados. Un inversionista acreditado es una persona que gana al menos $ 200,000 por año o tiene al menos un millón de dólares estadounidenses en activos sin contar su residencia principal.

La otra regulación es la Reg A, puede recaudar hasta $ 50 millones, puede solicitar o comercializar el trato, y cualquier persona mayor de 18 años puede invertir. Es costoso y consume mucho tiempo, y también requiere la presentación ante la SEC, más 2 años de estados financieros auditados.

Ambas regulaciones han llevado a algunos proyectos que pasan por alto a los Estados Unidos y elegir otros países con reglas más suaves,

Comparando ICOS con el Financiamiento Tradicional

Las OIC a nivel mundial en su mayoría no están reguladas. En los Estados Unidos, la SEC (Securities and Exchange Commission) ha reaccionado y considera que muchos de ellos son inseguros. Las ICO pasan la prueba de Howey y esto significa que las normas de seguridad son aplicadas.

En la financiación tradicional, pagas para tener un porcentaje de una empresa. El porcentaje que posee es constante y también lo es el monto en dólares que pagó. Para lanzar una oferta pública inicial, una empresa debe cumplir una lista de requisitos que incluye el umbral de ingresos, verificación de cuentas, capitalización mínima de mercado, etc.

En el mundo de las ICO, los propietarios pueden recaudar fondos sin acuerdos incomodos de accionistas. Cuando se obtiene Bitcoin o Ether, la empresa no cede el capital a cambio de la inversión que se hizo. Usted solo invierte en el desarrollo de la tecnología o proyecto de esa empresa, pero no en la empresa como tal. Para ser más claros, no tiene participación alguna en la propiedad de la empresa.

El valor en dólares del Bitcoin o Ether recibido en el intercambio puede aumentar y obviamente también disminuir. Por ejemplo, una ICO recauda $ 5 millones de Bitcoins en septiembre, dicha cantidad recaudada puede valer $ 8 millones para diciembre.

Evolución de los Tokens

Los tokens son lanzados a través de una ICO. Son emitidos a inversionistas a cambio de Bitcoin o Ether. Después del ICO, el público puede comprar, vender o retener los tokens de la misma manera que con acciones. Los inversionistas esperan que los tokens aumenten en valor suficiente como para poder cobrarlos con un beneficio.

La tecnología Ethereum proporciona la base sobre la cual se construyen los tokens. Es el líder del mercado de tokens (por ahora). Actualmente hay más de 70,000 tokens en la red de Ethereum. Para los más aventureros hay varios sitios que incluso permiten crear su propio token.

Los tokens pueden representar cualquier cosa, desde productos básicos hasta monedas usadas en ecosistemas Blockchain. En pocas palabras, una moneda hace una cosa y los tokens programables pueden cumplir muchos tipos de funciones.

ERC20

ERC20 (solicitud de comentarios de Ethereum) es la guía que se sigue al crear tokens. Estandariza los contratos inteligentes de tokens al eliminar la necesidad de intercambios y billeteras para crear un código personalizado para cada token. La mayoría de las ICO utilizan tokens ERC20.

Token moneda

El token moneda original es el Bitcoin y sigue siendo el líder. Los tokens moneda están diseñados para ser efectivo digital: se usan en el intercambio de bienes y servicios o son intercambiados en el mercado. Todavía no son moneda legal, pero veamos cómo se desarrollan sus historias. Sus valores se basan principalmente en la especulación y las condiciones habituales de oferta y demanda.

Token de utilidad

Ethereum fue el primer token principal de utilidad y también cumple funciones como token moneda. Los tokens de utilidad le permiten hacer diferentes cosas. Como por ejemplo, puede tomar la forma de ejecutar contratos inteligentes en un Blockchain. Los tokens de utilidad a veces se denominan tokens de acceso a la red. Le dan acceso a algo que ofrece una red.

Token activo financiero

Representa algún tipo de activo o producto. Los tokens también pueden representar la propiedad o el derecho de uso. Existe el riesgo de que si el activo subyacente se deprecia, también lo hace el token. El objetivo es tokenizar cosas que se espera que aumenten de valor e incluso podría incluir activos tradicionales como el oro.

Tokens de equidad

Al igual que las acciones, un token de equidad compra cierto porcentaje de propiedad de una organización. Un token de equidad implica propiedad y control. El DAO basado en Ethereum fue el primer token de equidad más grande. Los propietarios de tokens DAO tenían control sobre las actividades de la organización.

Las reglas de lo que es una equidad pueden no ser claras dependiendo de con quién hable. Sugiero que consulte a un abogado. Si el token le proporciona una recompensa o beneficio de las acciones de otros, o si el token implica hacer dinero exclusivamente de las acciones de otros, podría ser una equidad (esto trae regulaciones).

Tokens de recompense y reputación

Estos se dan como símbolos de reputación o recompensas. Son una forma de especificar en un Blockchain que algún usuario o billetera hizo algo o es alguien especial.

El valor de un token de reputación se traduce en que puede confiar en que la persona en posesión de uno es quien dice ser.

¿Ofertas de token de seguridad?

Las ofertas de tokens de seguridad (STO) son ofertas reguladas en las que el emisor vende acciones programables a los inversionistas. Las STO tienen una complejidad adicional que incluye una gran cantidad de papeleo, abogados, suscripción y regulaciones. Las STO a menudo se consideran más estables y legítimas que algunas ICO, ya que pueden proporcionar por adelantado a los inversionistas la tranquilidad de que es menos probable que tengan problemas más adelante.

Lo último en evolución de tokens (Para su información)

ERC721: ha sido adoptado como el token estándar para implementar arte digital o coleccionables únicos en los Blockchain y aplicaciones de videojuegos.

ERC1155: el último token que ingresa al mundo Blockchain de los videojuegos. Ambos no son fungibles, cada token es único.

Evolución de los tokens (ERC20 Para su información)

Esto algo extra para aquellos que desean conocer las pautas

que deben seguirse para la creación de tokens ERC20.

Oferta total: define la oferta total de tokens. Cuando se alcanza este límite, el contrato inteligente deja de emitir más tokens

Balance de: indica cuántos tokens tiene una dirección determinada.

Transferencia: toma una cierta cantidad de tokens del suministro total y se lo entrega a un usuario.

Transferir desde: se puede usar para transferir tokens entre dos usuarios.

Aprobar: verifica que su contrato puede dar cierta cantidad de tokens a otro usuario.

Asignación: comprueba si un usuario tiene saldo suficiente para enviar cierta cantidad a tokens a otro usuario.

Calificaciones de los ICO ¿puede confiar en ellos?

Las calificaciones son importantes porque los inversionistas inexpertos confían especialmente en las plataformas de calificación ICO cuando buscan información antes de invertir. La realidad es que las plataformas de calificación siempre han sido vistas con recelo entre los jugadores más experimentados del mercado. Para empezar, es relativamente fácil comprar calificaciones ICO, por lo tanto, las calificaciones en los sitios de ICO en muchos casos no son independientes.

"Las calificaciones ICO de una fuente confiable" es una versión de lo que anuncian las plataformas de calificación ICO en sus sitios web para ganarse la confianza de los inversionistas que buscan información. Una buena forma sin duda, pero las investigaciones de los sitios web mostraron que la visibilidad de una calificación ICO no siempre es imparcial. Los resultados son aterradores, los jugadores básicamente "pagan para jugar."

Muchas plataformas no son más que sitios de marketing que venden al mejor postor.

Ofrecen servicios de primera clase a cambio de pago. Las ICO pueden asegurar una clasificación de primer nivel en una descripción general y aparecer en envíos especiales. Si el ICO está dispuesto a pagar, el sitio puede impedir que sus competidores aparezcan en las páginas de perfil del ICO que paga. Estas listas principales pagas no están etiquetadas como patrocinadas.

Si tiene una calificación que no es tan alta, no le extrañe que los que ofrecen dichos servicios le contacten ofreciéndole mejorarla. Tenga en cuenta que los inversionistas sin experiencia utilizan esta información para tomar decisiones de inversión, lo cual es un grave problema.

¿Qué le espera al Blockchain?

Gráficos acíclicos dirigidos (DAGs)

Los gráficos acíclicos dirigidos no son completamente nuevos, en 2015 se presentó la primera propuesta para mezclarla con la tecnología Blockchain. Sergio Lerner presentó la idea con un proyecto en el que estaba trabajando, el proyecto falló, pero abrió la puerta para que los desarrolladores amplíen el concepto de DAG. Los DAG no son Blockchain, no hay una cadena que vincule todos los bloques. No hay bloques en absoluto y las transacciones en nodos individuales no necesitan sincronizarse con ninguna otra. Esto permite que las transacciones ocurran sin la confirmación de toda la red, lo que reduce significativamente el tiempo de confirmación normal.

¿Cómo funcionan los gráficos acíclicos dirigidos?

En un DAG no hay necesidad de recompensar mineros y no hay tarifas de transacción para el usuario final. Las transacciones se confirman a través de un proceso en el que un usuario confirma dos transacciones anteriores para que se procesen sus propias transacciones.

Cada transacción actúa como su propio bloque, y estos pueden almacenarse en diferentes ubicaciones, en múltiples dispositivos, antes de sincronizarse con un nodo en algún lugar del gráfico. El proceso de sincronización actualiza el ledger con los detalles de la transacción final de todas las interacciones que tuvieron lugar entre las direcciones en el gráfico.

IOTA es probablemente el adoptante más conocido de la tecnología DAG. Se refieren a él como el enredo. Tangle es la red que conforma la red de usuarios de IOTA que funcionan como transactores y verificadores al mismo tiempo. Para emitir una transacción, los usuarios deben trabajar para aprobar otras transacciones. La suposición es que los nodos se asegurarán de que las transacciones aprobadas no sean contradictorias y no aprueben aquellas que si lo sean. A medida que una transacción obtiene más aprobaciones es más aceptada por el sistema.

Toda la tecnología viene con sus puntos débiles. Las monedas DAG dicen ser quantum-resistant, pero existe incertidumbre sobre su capacidad para sobrevivir a un ataque del 33%. Esta es la cantidad de potencia informática necesaria para atacar y hacerse cargo de una red DAG a prueba de riesgos.

También existen preocupaciones sobre la capacidad de las redes DAG para descentralizarse por completo. Dado que no se requieren validaciones por todos los nodos de la red, hay más oportunidades para intenciones maliciosas, la principal es el doble gasto. Para protegerse contra este escenario, muchos proyectos DAG tienen nodos coordinadores. Esto trae un elemento centralizado y asegura un orden lineal de transacciones dentro del DAG. Los desarrolladores de IOTA ejecutan su propio nodo coordinador en todo momento para proteger la red.

Las preocupaciones de centralización que existen con los DAG también existen con Bitcoin y otras criptomonedas que pueden estar muy influenciadas por un pequeño número de grandes comerciantes conocidos como ballenas.

Kit de primeros auxilios para Blockchain

Este capítulo tiene el kit de "primeros auxilios". Estos son los términos y conceptos que considero esenciales para conocer, además del contenido de los capítulos anteriores. El "kit" tiene los términos convenientemente compilados por secciones. Estúdielos y mejorará notablemente su comprensión de la tecnología Blockchain.

Doble gasto: una falla potencial en cryptos es el riesgo de que una moneda digital se pueda gastar dos veces. Esto es posible porque un token consiste en un archivo digital que se puede duplicar o falsificar. Las técnicas criptográficas se utilizan para evitar el doble gasto y preservar el anonimato.

Fungibilidad: es la propiedad de un bien o un producto cuyas unidades individuales son intercambiables. Por ejemplo, un kilo de oro puro es equivalente a cualquier otro kilo de oro puro, ya sea en forma de monedas o en otros estados, el oro es fungible. Otros ejemplos fungibles incluyen, petróleo crudo, acciones, bonos, monedas. Un diamante no lo es, ya que cada diamante es único.

EOS: permite a los desarrolladores crear aplicaciones Blockchain. Escalables y programables, EOS ha sido llamado 'Ethereum en esteroides'. EOS Blockchain elimina las tarifas de transacción y tiene la capacidad de procesar millones de transacciones por segundo.

Casper + Sharding: el cambio significativo que llegará a Ethereum en los próximos años es la propuesta de pasar de la prueba de trabajo a la prueba de participación (como parte de Casper) y dividir la red en un montón de particiones llamadas fragmentos. . Cada fragmento tendría un estado independiente y un historial de transacciones. Los validadores en la red no serían responsables de manejar todas las transacciones; en cambio, los notarios dentro de cada fragmento serían responsables de su propio fragmento.

Ethereum Viper: es un proyecto creado por Ethereum. Es un lenguaje de programación experimental. Es una forma alternativa de construir proyectos para el ecosistema Ethereum en el futuro. Por ahora, la codificación con Solidity sigue siendo el lenguaje de programación principal para el ecosistema.

MakerDAO: es una de las Organizaciones Autónomas Descentralizadas (DAO) más prominentes construidas sobre el Ethereum Blockchain. Uno de sus productos principales es la Stablecoin DAI, la cual es una moneda estable Crypto-Colateralizada.

Computación cuántica: a partir de 2018, el desarrollo de las computadoras cuánticas reales todavía está en su infancia. Las computadoras cuánticas a gran escala teóricamente podrían resolver ciertos problemas significativamente más rápido que las computadoras comunes. Una computadora cuántica podría romper eficientemente muchos de los sistemas de seguridad actualmente en uso. Estos sistemas se utilizan para proteger correos electrónicos encriptados, páginas web seguras y muchos otros tipos de datos. Romperlos tendría consecuencias importantes para la seguridad electrónica.

Hashing: cuando un usuario envía un mensaje seguro, se genera y cifra un hash del mensaje deseado y se envía junto al mensaje. Cuando se recibe el mensaje, el receptor descifra el hash y el mensaje. Luego, el receptor crea otro hash del mensaje. Si los dos hashes son idénticos en comparación, entonces se ha producido una transmisión segura. Este proceso de hash asegura que el mensaje no sea alterado por un usuario final no autorizado.

Quorum Blockchain: desarrollado por J.P. Morgan, Quorum es uno de los primeros pasos importantes hacia la adopción común de Blockchain entre las industrias financieras. Quorum es una infraestructura Blockchain específicamente diseñada para casos de uso financiero.

Cardano Blockchain: similar a Ethereum, Cardano es una plataforma de contrato inteligente; sin embargo, Cardano ofrece más escalabilidad.

Dapps: Aplicaciones Descentralizadas. Dapps trabaja en sinergia con contratos inteligentes y desempeña el papel de un intermediario automatizado. En el mundo de los contratos cuando se llega a un acuerdo, el corredor se asegura de que se cumplan los términos del acuerdo. Una Dapp realiza la misma función utilizando Blockchain para reemplazar a dicho intermediario.

DAU: usuarios activos diarios

DADs: Desarrolladores Activos Diarios

Stablecoins: son criptomonedas que intentan mantener un precio estable; la mayoría intentan fijar su precio en 1 dólar estadounidense, pero teóricamente podrían intentar fijar una vinculación a cualquier cosa, como una canasta de productos. Un buen número de personas en la crypto comunidad son escépticas de que funcionen.

Airdrops

Airdrop: Es el proceso en el que un equipo de criptomonedas distribuye tokens a los monederos de algunos usuarios de

117

forma gratuita. Los airdrops generalmente son llevados a cabo por Blockchain recién creados para impulsar sus proyectos.

Razones para usar el Airdrop:

Recompensar a los clientes leales: los servicios de Blockchain como los intercambios de criptomonedas, las plataformas de negociación, los proveedores de servicios de billeteras, etc. desean recompensar a sus clientes y suscriptores. Esto sirve como un incentivo que puede ayudar a mantener a los clientes leales.

Para expandir una base de datos principal: airdrops puede ser utilizado por firmas de Blockchain para generar una valiosa base de datos de clientes potenciales para sus organizaciones en crecimiento. A cambio de tokens gratuitos, se les pedirá a los usuarios que completen formularios en línea que contengan información valiosa (direcciones de correo electrónico) que pueden usarse para desarrollar campañas de marketing.

Para difundir la información acerca de una nueva criptomoneda: una nueva criptomoneda puede pasar completamente desapercibida si no recibe el impulso adecuado en términos de campañas de marketing. Con los entusiastas de la criptomoneda buscando nuevas opciones de criptomonedas, un airdrop es una manera de que la gente se interese en una nueva criptomoneda.

Métodos de consenso:

Prueba de trabajo: es el primer método y el más utilizado para establecer consenso. El consenso de prueba de trabajo es donde se requiere que cada nodo complete una ecuación extremadamente compleja para terminar cada bloque.

El propósito de la complejidad de la ecuación es garantizar que cada nodo se vea obligado a ejercer una cantidad significativa de potencia de procesamiento y electricidad para resolverlo. A cambio de resolver el bloque, a cada nodo se le otorga una recompensa que generalmente viene en forma de criptomoneda además de las tarifas de transacción. Este proceso se conoce como minería, y los nodos que eligen hacerlo se llaman mineros. Para regular este sistema de consenso, si un minero recibe una respuesta diferente a la de los otros mineros que trabajan en el mismo bloque, su respuesta es rechazada. Los mineros no quieren utilizar el poder de procesamiento y la electricidad sin una recompensa, por lo que están incentivados económicamente para proporcionar respuestas correctas.

En un sistema de prueba de trabajo, la única forma de hacer trampa es controlar más del 51% de los ledgers, que es lo mismo que poseer más del 51% de la potencia de procesamiento total dedicada a la plataforma. Incluso con esa ventaja, sería extremadamente difícil alterar las transacciones pasadas, y es prácticamente imposible cambiar las transacciones más allá de varios bloques.

Un minero que controle más del 51% de la potencia de procesamiento tendría la capacidad no solo de evitar la ejecución de transacciones, sino también de revertirlas. Este nivel de control requeriría una gran cantidad de capital (las estimaciones están en el rango de 500 millones de dólares estadounidenses), por lo tanto, no tiene mucho sentido económico para un minero intentar este tipo de esquema.

Mientras más poder de procesamiento tenga un minero, más probable será que pueda resolver correctamente la compleja ecuación primero que otros mineros y gane la recompensa del bloque. Se ha desarrollado una práctica común en la que muchos mineros se unen y combinan su poder de procesamiento en un "grupo minero". Con este método, los mineros generalmente pueden generar ingresos consistentes en lugar de ingresos esporádicos e impredecibles.

En términos mineros, la dificultad de bloque se refiere a qué tan difícil es resolver la ecuación para cada bloque. Si los bloques se resuelven demasiado lento, entonces la dificultad del bloque se reduce. Si los bloques se resuelven demasiado rápido, la dificultad del bloque aumenta.

Bueno:

- El consenso de prueba de trabajo requiere una gran cantidad de capital y requiere que los operadores de nodos estén fuertemente invertidos en la criptomoneda que están minando. Esto también funciona como una medida económica contra el engaño.

- Las ganancias potenciales que ofrece la minería llevan a la creación de más nodos, esto tiene el efecto de aumentar la potencia total de cómputo, mejorando la seguridad de la red

El no tan bueno:

- El consenso de prueba de trabajo usa una gran cantidad de energía. A modo de comparación, una transacción que utiliza el consenso PoW usa la cantidad similar de energía que usa un hogar promedio en un período de 24 horas.
- El consenso PoW generalmente tiene tiempos de confirmación de transacción más lentos que otros métodos de consenso

Ejemplos de criptomonedas PoW:

- Bitcoin

- Litecoin

- Efectivo de Bitcoin

Prueba de Participación (PoS): es un método de consenso en el que no hay mineros. En cambio, los nodos son simplemente seleccionados para el procesamiento de transacciones sin necesidad de calcular y resolver ecuaciones complejas. Otros nodos en un sistema de Prueba de participación verificaran el bloque. Para evitar trampas, los nodos en un sistema de prueba de participación deben bloquear una cantidad específica de moneda en una caja fuerte virtual. Esta moneda se pierde como penalidad si se detectan irregularidades. Este proceso se conoce como apostar y se puede considerar que funciona de manera similar a la extracción en sistemas de prueba de trabajo, pero sin el enorme gasto de energía. Cuanta más moneda apueste un nodo, mayor será la posibilidad de que se seleccione para crear el siguiente bloque. Esto también significa que los nodos que intentan engañar al sistema tienen más que perder en el proceso.

Bueno:

PoS ofrece tiempos de confirmación más rápidos que PoW

- Pos ejecuta más transacciones por segundo que las plataformas PoW

El no tan bueno:

- Aún quedan algunas preguntas sin respuesta sobre la seguridad de los sistemas PoS

Ejemplos de Criptomonedas PoS:

- Peercoin

- Ethereum

Prueba de importancia (PoI): los usuarios están obligados a proporcionar como garantía una cantidad fija de moneda para convertirse en un nodo. Las posibilidades de que sean el nodo elegido para crear un bloque y reclamar la recompensa dependen de su puntaje de importancia. La puntuación de importancia de un nodo en PoI se determina por la frecuencia con la que utilizan y agregan a la red. Los nodos que envían una gran cantidad de dinero a menudo se clasifican con los puntajes de mayor importancia.

Bueno:

- El consenso de prueba de importancia alienta el uso de una criptomoneda como moneda

- PoI recompensa a los usuarios que están fuertemente invertidos en la moneda

- El método de prueba de importancia parece ser seguro y eficiente

- Fácilmente escalable

El no tan bueno:

- El complejo método utilizado para determinar el puntaje de importancia tiene el potencial de alejar a los nuevos inversionistas

Ejemplos de Criptomonedas PoI:

- NEM

Tolerancia de falla bizantina delegada (dBFT): en la Tolerancia de falla bizantina delegada, los nodos son establecidos por los accionistas delegados. Para que un nodo sea elegido, se requiere que apuesten parte de su moneda. Los nodos de tolerancia a fallas bizantinas delegadas se ponderan por igual.

Se debe usar una cantidad mínima de dinero como garantía para cada nodo que un usuario desee controlar. Esto hace que sea costoso controlar más nodos, y es más improbable que alguno de estos nodos adicionales sea elegido. En el consenso de dBFT, es más probable que los accionistas elijan nodos que ofrezcan tarifas de transacción más bajas.

Esta técnica de consenso democrático promueve el uso de la red y reduce las tarifas de uso. Las bajas tarifas de transacción generadas por dBFT reducen el perfil general de ganancias que ofrece convertirse en un nodo, evitando que los posibles abusadores obtengan ganancias masivas estableciendo grupos de nodos. No hay extracción en el método de Tolerancia de falla bizantina delegada. Los beneficios financieros se proporcionan en forma de tarifas de transacción pagadas a los nodos.

Bueno:

- Tiempos de confirmación muy rápidos

- dBFT ofrece una alta capacidad de transacción por segundo

- Tarifas de transacciones muy bajas. Actualmente dBFT está libre de cargos de transacción

- El no tan Bueno:

- La técnica de dBFT no ha sido probada a gran escala.

Ejemplo de criptomonedas dBFT:

- NEO

Tangle: técnicamente no es un Blockchain. El método de consenso Tangle utiliza un sistema que depende de que cada usuario de la red funcione como un nodo. Antes de que un usuario pueda confirmar una transacción, el usuario debe validar dos o más transacciones.

Después de que el usuario haya validado dos transacciones previas, un segundo usuario validará la primera transacción como parte de su propio proceso de transacción. En este sentido, el método de consenso de Tangle está más cerca de una red de transacciones, en comparación con un Blockchain con su cadena de bloques.

La estructura de Tangle proporciona a los usuarios transacciones gratuitas e instantáneas, y esto se adapta bien. Sigue habiendo varias preguntas con respecto a la seguridad y si existe el problema de que toda la red aún requiere súper nodos que moderen y supervisen la red.

- Bueno:

- Transacciones instantáneas

- Transacciones gratis

- Las bajas demandas de potencia computacional por consenso Tangle lo hacen adecuado para dispositivos con baja capacidad de procesamiento, como teléfonos inteligentes

- El no tan Bueno:

- Tangle actualmente parece ser menos seguro que otros métodos de consenso

- La red Tangle utiliza un Coordinador, que se puede considerar que funciona como un supervisor que guía la red hasta que sea lo suficientemente grande como para funcionar de manera autónoma. Existe incertidumbre sobre la eficacia con que operará la red Tangle una vez que el Coordinador esté deshabilitado.

Ejemplos de Criptomonedas Tangle:

- IOTA

Conclusion

Gracias por llegar hasta el final de La Relación Criptomoneda - Blockchain. Espero que haya sido informativo y le haya proporcionado los conocimientos necesarios para lograr el objetivo de ampliar su conocimiento de las criptomonedas y los blockchains. El siguiente paso, como siempre recomiendo en mis libros, es ir a la acción leyendo más sobre el tema o incluso tomar uno de mis cursos.

Perfil del Autor

Wayne Walker es el director de una empresa global de educación y consultoría de mercados de capital (gcmsonline.info). Tiene varios años de experiencia en dirigir y entrenar equipos de Asesores de inversión y ha logrado equipos de alto rendimiento en el Grupo de clientes privados basado en Bench Mark Earnings (BME).

www.ingramcontent.com/pod-product-compliance
Lightning Source LLC
Chambersburg PA
CBHW031223050326
40689CB00009B/1450